全国幼儿园教师资格证考试教材
学前教育专业教育教研成果系列教材

保教知识与能力真题及应试习题集

主　编　刘立民

副主编　温馥榕　刘剑梅

北京理工大学出版社
BEIJING INSTITUTE OF TECHNOLOGY PRESS

版权专有　侵权必究

图书在版编目(CIP)数据

保教知识与能力真题及应试习题集 / 刘立民主编
. -- 北京：北京理工大学出版社，2018.2（2024.1重印）
ISBN 978-7-5682-5269-0

Ⅰ.①保… Ⅱ.①刘… Ⅲ.①学前教育–幼教人员–资格考试–习题集 Ⅳ.①G61-44

中国版本图书馆 CIP 数据核字（2018）第 020705 号

责任编辑：李慧智　　**文案编辑**：李慧智
责任校对：周瑞红　　**责任印制**：施胜娟

出版发行 /	北京理工大学出版社有限责任公司
社　　址 /	北京市丰台区四合庄路6号
邮　　编 /	100070
电　　话 /	（010）68914026（教材售后服务热线）
	（010）68944437（教材资源服务热线）
网　　址 /	http://www.bitpress.com.cn
版 印 次 /	2024年1月第1版第5次印刷
印　　刷 /	定州市新华印刷有限公司
开　　本 /	787 mm × 1092 mm　1/16
印　　张 /	7.25
字　　数 /	170千字
定　　价 /	29.00元

图书出现印装质量问题，请拨打售后服务热线，负责调换

前 言

为了帮助有志于从事幼儿教育的人才学习保教知识与能力课程,很好地掌握学前儿童在成长过程中心理、生理变化规律,理解学前教育原理,熟悉幼儿园生活指导的基本知识,灵活进行幼儿园教育环境设计与教育活动的组织与实施,科学进行幼儿园教育评价,我们紧密联系幼儿园保教工作的理论与实际,编写了《保教知识与能力真题及应试习题集》(以下简称《习题集》),力求结合真题、内容充实、结构严谨、要点突出、指导性强,希望能够成为广大考生进行考试复习和储备知识的重要参考资料。

这本《习题集》以帮助考生科学、有效地准备幼儿教师资格考试为根本宗旨,严格依照幼儿教师资格考试标准、考试大纲进行编写。《习题集》具有以下特点:一是注重内容科学,全面解读考纲知识点,并进行适当拓展,严格依据幼儿教师资格考试标准、考试大纲进行编写,以保证知识系统的适用性、完整性和科学性。二是依据考试大纲的能力要求,对各知识点的阐述幅度适当。重点阐述那些需要考生熟悉、掌握、运用的内容,详略得当。三是知识体系以当前主流、权威版本的幼儿教师教育类教材为依据,既保证内容科学,又与高等职业院校相关的幼儿教师教育专业紧密衔接。四是注重教材使用的方便性。《习题集》栏目设计着眼于考生复习备考的实用性。

本书共设两大部分、七个模块,其中,第一部分练习题的模块一、模块二、模块四和第二部分游戏设计方案由辽阳职业技术学院的刘立民编写,模块三、模块五由辽宁民族师范高等专科学校的刘剑梅编写,模块六、模块七由陕西服装工程学院的温馥榕编写。刘立民负责全书统稿。

《习题集》借鉴了一些学前教育类丛书的知识与观点,在此一并致谢!

由衷地希望本书能帮助各位考生顺利通过考试。

目 录

第一部分 练习题 （1）

模块一 学前儿童发展 练习题 （1）
- 一、选择题 （1）
- 二、简述题 （4）
- 三、论述题 （4）
- 四、材料分析题 （5）
- 学前儿童发展 练习题答案 （6）
  - 一、选择题答案 （6）
  - 二、简述题答案 （7）
  - 三、论述题答案 （10）
  - 四、材料分析答案 （12）

模块二 学前教育原理 练习题 （15）
- 一、选择题 （15）
- 二、简述题 （18）
- 三、论述题 （18）
- 四、材料分析题 （19）
- 学前教育原理 练习题答案 （20）
  - 一、选择题答案 （20）
  - 二、简述题答案 （21）
  - 三、论述题答案 （24）
  - 四、材料分析题答案 （27）

模块三 生活指导 练习题 （29）
- 一、选择题 （29）
- 二、简述题 （32）
- 三、论述题 （33）
- 四、材料分析题 （33）
- 生活指导 练习题答案 （34）
  - 一、选择题答案 （34）
  - 二、简述题答案 （36）
  - 三、论述题答案 （38）
  - 四、材料分析题答案 （40）

模块四　环境设计　练习题 ……………………………………………………（42）
　　一、选择题 …………………………………………………………………（42）
　　二、简述题 …………………………………………………………………（45）
　　三、论述题 …………………………………………………………………（45）
　　四、材料分析题 ……………………………………………………………（45）
　　🔟 环境设计　练习题答案 ……………………………………………（46）
　　一、选择题答案 ……………………………………………………………（46）
　　二、简述题答案 ……………………………………………………………（47）
　　三、论述题答案 ……………………………………………………………（49）
　　四、材料分析题答案 ………………………………………………………（51）
模块五　游戏活动指导　练习题 ………………………………………（53）
　　一、选择题 …………………………………………………………………（53）
　　二、简述题 …………………………………………………………………（56）
　　三、论述题 …………………………………………………………………（56）
　　四、材料分析题 ……………………………………………………………（56）
　　🔟 游戏活动指导　练习题答案 ………………………………………（58）
　　一、选择题答案 ……………………………………………………………（58）
　　二、简述题答案 ……………………………………………………………（59）
　　三、论述题答案 ……………………………………………………………（61）
　　四、材料分析题答案 ………………………………………………………（62）
模块六　教育活动的组织与实施　练习题 ……………………………（64）
　　一、选择题 …………………………………………………………………（64）
　　二、简述题 …………………………………………………………………（68）
　　三、论述题 …………………………………………………………………（69）
　　四、材料分析题 ……………………………………………………………（69）
　　🔟 教育活动的组织与实施　练习题答案 ……………………………（69）
　　一、选择题答案 ……………………………………………………………（69）
　　二、简述题答案 ……………………………………………………………（71）
　　三、论述题答案 ……………………………………………………………（73）
　　四、材料分析题答案 ………………………………………………………（74）
模块七　教育评价　练习题 ……………………………………………（75）
　　一、选择题 …………………………………………………………………（75）
　　二、简述题 …………………………………………………………………（78）
　　三、论述题 …………………………………………………………………（78）
　　四、材料分析题 ……………………………………………………………（78）
　　🔟 教育评价　练习题答案 ……………………………………………（79）
　　一、选择题答案 ……………………………………………………………（79）
　　二、简述题答案 ……………………………………………………………（81）
　　三、论述题答案 ……………………………………………………………（82）

四、材料分析题答案 ………………………………………………（83）

第二部分　游戏设计及参考设计方案 ………………………（85）

　　1. 帮水宝宝搬家 …………………………………………………（85）
　　2. 创设游戏活动区 ………………………………………………（86）
　　3. 一次节日活动 …………………………………………………（87）
　　4. 瓶盖重新利用 …………………………………………………（88）
　　5. 元宵节 …………………………………………………………（89）
　　6. 秋天的水果 ……………………………………………………（91）
　　7. 小乌龟旅行记 …………………………………………………（92）
　　8. 我爱家乡 ………………………………………………………（92）
　　9. 保护地球 ………………………………………………………（93）
　　10. "环境保护"主题活动 ………………………………………（94）
　　11. 照片 …………………………………………………………（96）
　　12. 消防演练 ……………………………………………………（97）
　　13. 彩色的世界 …………………………………………………（98）
　　14. 防晒 …………………………………………………………（99）
　　15. 幼儿园的树木 ………………………………………………（100）
　　16. 亲子运动会 …………………………………………………（102）
　　17. 洗洗小手讲卫生 ……………………………………………（103）
　　18. 植树节主题活动 ……………………………………………（106）
　　19. 好吃又营养的蔬菜 …………………………………………（107）

第一部分

练习题

模块一 学前儿童发展 练习题

一、选择题（每题只有一个正确答案，错选、多选或未选均无分）

1. 有的幼儿遇事反应快，容易冲动，很难约束自己的行动，这个幼儿的气质类型比较倾向于（　　）。
    A. 多血质
    B. 黏液质
    C. 胆汁质
    D. 抑郁质

2. 冬冬边玩魔方边自己小声嘀咕："转一下这面试试，再转这面呢?"这种语言被称为（　　）。
    A. 角色语言
    B. 自我中心语言
    C. 对话语言
    D. 内部语言

3. 婴儿先是用整只手臂和手一起去够物体，以后才会用手指去拿东西，这是服从了（　　）。
    A. 高低规律
    B. 从整体到局部的规律
    C. 大小规律
    D. 首尾规律

4. 高兴时手舞足蹈，恐惧时手足无措的情绪表达方式是（　　）。
    A. 面部表情
    B. 语调表情
    C. 言语表情

D. 身段表情

5. 儿童在2~3岁时，掌握代名词"我"，标志着儿童（　　）。
   A. 自我评价的萌芽
   B. 自我体验的萌芽
   C. 自我控制的萌芽
   D. 自我意识的萌芽

6. 比较研究发现，学前幼儿写字训练最合理有效的方法是（　　）。
   A. 在游戏和生活中训练幼儿手指的灵活性，如穿珠子、使筷子、用剪刀等
   B. 让幼儿先学习用毛笔写字，一段时间后再学习用硬笔写字
   C. 到大班时尽量让儿童多训练写字
   D. 坚持每天认、读、写1~2个简单的字，积少成多

7. 根据皮亚杰的认知发展阶段论，3~6岁幼儿属于（　　）阶段。
   A. 感知运动
   B. 前运算
   C. 具体运算
   D. 形式运算

8. 儿童学习语言的关键期是（　　）。
   A. 0~1岁
   B. 1~3岁
   C. 3~6岁
   D. 5~6岁

9. 学前儿童心理发展的各个方面（　　）。
   A. 在速度上基本均衡，在同一时间片段中，发展的各个方面并不是孤立进行的
   B. 在速度上不均衡，在同一时间片段中，发展的各个方面是孤立进行的
   C. 在速度上基本均衡，在同一时间片段中，发展的各个方面自始至终是自成体系的
   D. 在速度上不均衡，在同一时间片段中，发展的各个方面是相互联系的

10. 培养机智、敏锐和自信心，防止疑虑、孤独，这些教育措施主要是针对（　　）。
    A. 胆汁质的儿童
    B. 多血质的儿童
    C. 黏液质的儿童
    D. 抑郁质的儿童

11. 幼儿在想象中常常表露出个人的愿望。例如，大班幼儿文文说："妈妈，我长大了

也想和你一样,做一个老师。"这是一种( )。

A. 经验性想象

B. 情境性想象

C. 愿望性想象

D. 拟人化想象

12. 在思维发展过程中,动作和语言对思维活动的作用变化规律表现为( )。

A. 动作在其中的作用是由小到大,语言的作用也是由小到大

B. 动作在其中的作用是由小到大,语言的作用是由大到小

C. 动作在其中的作用是由大到小,语言的作用也是由大到小

D. 动作在其中的作用是由大到小,语言的作用是由小到大

13. 在同一桌上绘画的幼儿,其想象的主题往往雷同,这说明幼儿想象的特点是( )。

A. 想象无预定目的,由外界刺激直接引起

B. 想象的主题不稳定,想象方向随外界刺激变化而变化

C. 想象的内容零散,无系统性,想象间不能产生联系

D. 以想象过程为满足,没有目的性

14. 幼儿能区分一个人是男性还是女性,说明他已经( )。

A. 产生了性别行为

B. 具有了性别概念

C. 对性别角色有明确的认识

D. 形成了性别角色习惯

15. 1岁前儿童注意选择性的变化发展过程是( )。

A. 从探究性的注意到定向性的注意

B. 从注意全面的轮廓到注意局部的轮廓

C. 从无意注意到状态性的注意

D. 从注意形体外周到注意形体的内部成分

16. 幼儿最初社会性发生的标志是( )。

A. 诱发性微笑的出现

B. 不出声的笑

C. 出声的笑

D. 有差别的微笑的出现

17. 下列哪种现象能表明新生儿的视听协调?( )

A. 有些婴儿听到音乐会露出笑容

B. 听到巨大的声响,婴儿会瞪大眼睛

C. 婴儿听到母亲叫"宝宝",就会去找妈妈

D. 婴儿看到大人逗他说话,会表现出快乐的样子

18. 在学龄前期,(　　)儿童的性别角色的教育对儿童的智力发展和性格发展是有益的。

   A. 强化
   B. 适当淡化
   C. 不考虑
   D. 以上说法都不对

19. 儿童一进商场就被漂亮的玩具吸引,儿童在这一刻出现的心理现象是(　　)。
   A. 注意
   B. 想象
   C. 需要
   D. 思维

20. 幼儿意识到自己和他人一样都有情感、有动机、有想法,这反映幼儿(　　)。
   A. 个性的发展
   B. 情感的发展
   C. 社会认知的发展
   D. 感觉的发展

二、简述题

1. 简述埃里克森的个性发展理论。
2. 简述促进学前儿童言语发展的策略。
3. 简述学前儿童认识活动发展的特点。
4. 试述幼儿的气质对其心理活动和行为发展的意义。
5. 什么是依恋?依恋有哪几种类型?
6. 思维的发生、发展对幼儿心理发展的意义是什么?
7. 影响在园幼儿同伴交往的因素有哪些?
8. 试述幼儿口吃的心理原因和矫正的重要原则。
9. 简述幼儿自我意识发展的特点。
10. 简述幼儿想象萌芽的表现和特点。

三、论述题

1. 试述如何针对幼儿言语发展中易出现的问题进行教育。
2. 论述教师尊重幼儿个体差异的意义与举措。
3. 试述幼儿口吃的心理原因和矫正的重要原则。
4. 简述5~6岁儿童心理发展的主要特征。

5. 试述情绪对幼儿交往发展的作用。

四、材料分析题

1. 阅读下面材料，回答问题：

儿童的一百种语言

孩子是由一百种组成的。
孩子有一百种语言，
一百双手，
一百个念头，
还有一百种思考、游戏、说话的方式。
有一百种快乐，去歌唱去理解，
一百种歌唱与了解的喜悦，
一百种世界，等着孩子们去探索去发现，
一百种世界，等着孩子们去创造，
一百种世界，等着孩子去梦想。

问题：

（1）你能从诗中读到幼儿心理发展的什么特点？
（2）依据这些特点，教师应该怎样对待幼儿？

2. 阅读下面材料，回答问题：

离园时，3 岁的小凯对妈妈兴奋地说："妈妈，今天我得了一个'小笑脸'，老师还贴在我的脑门儿上了。"妈妈听了很高兴。连续两天，小凯都这样告诉妈妈。后来妈妈和老师沟通后才得知，小凯并没有得到"小笑脸"。妈妈生气地责怪小凯："你这么小，怎么就说谎呢？"

问题： 小凯妈妈的说法是否正确？试结合幼儿想象的特点分析上述现象。

3. 阅读下面材料，回答问题：

奇奇是这样一个孩子：他胆子小，上课不主动发言，即便发言，小脸涨得通红，声音很小，特别害怕失败与挫折，也不爱与同伴交往。老师和小朋友邀请他时，他总是把头摇得像拨浪鼓似的……

问题：

（1）造成奇奇性格胆小的可能因素有哪些？（12分）
（2）你觉得该怎样帮助奇奇？（8分）

4. 阅读下面材料，回答问题：

星期一，已经上小班的松松在午睡时一直哭泣，嘴里还一直唠叨，说："我要打电话给爸爸来接我，我要回家。"教师多次安慰他还一直在哭。老师生气地说："你再哭，爸爸就不来接你了。"松松听后情绪更加激动，哭得更加厉害了。

问题： 请简述上述教师的行为（5分），并提出3种帮助幼儿控制情绪的有效方法。（15分）

5. 阅读下面材料，回答问题：

明明是一个6岁的男孩。他妈妈是个有心人，把明明在4岁半至5岁半1年中提过的问题做了详细的记录，共有4 000多个问题，而且涉及面非常广泛。他妈妈也是个兴趣爱好广泛的人，对孩子的提问总是很认真对待，并鼓励孩子提问。老师评价说，明明知识面广，是一个非常聪明的孩子，这些都是与他妈妈正确的教育是分不开的。

问题： 根据材料分析明明的心理发展的突出年龄特点是什么？并提出正确的教育措施。

学前儿童发展 练习题答案

一、选择题答案

1.【答案】C。胆汁质的孩子直率热情、精力旺盛、性情急躁、易于冲动、反应迅速，很难约束自己的行动。

2.【答案】B。自我中心言语表现为讲话时不考虑自己在同谁讲话，也不在乎对方是否在听自己说话，他或是自言自语，或是由于和一个偶然在身边的人共同活动感到愉快而说话。冬冬边玩边说话属于自我中心言语。

3.【答案】B。从整只手臂到用手指，这是动作发展的从整体到局部的规律。

4.【答案】D。身段表情又称为肢体语言，头、手和脚是表达情绪的主要身体部位。高兴时手舞足蹈，恐惧时手足无措等都属于身段表情。故选D。

5.【答案】D。儿童在2~3岁时，掌握代名词"我"，标志着儿童自我意识的萌芽。自我意识是指个体对自己所有的身心状况以及与周围人或物的关系的意识。主要包括对自己的身体特征（如性别、相貌、健康状况等）、心理特点（如情绪特点、兴趣爱好、性格特征等）以及自己的人际关系状况等的意识。故选D。

6.【答案】A。比较研究发现，我国幼儿园对于儿童读写的要求比较适合儿童的年龄特点，要求幼儿园在儿童前书写能力上下足功夫，不要求在学前阶段教孩子写字。教师可以利用各种形式，运用多种材料如小班儿童穿珠，中班儿童学习使筷子，大班儿童用剪刀等，使得这些儿童不论从生理方面还是心理方面都做好了书写前的准备工作，这样儿童在上小学后很快就能学会写字。故选A。

7.【答案】B。根据皮亚杰的认知发展阶段论，3岁幼儿属于前运算阶段。

8.【答案】B。儿童学习语言的关键期是1~3岁。

9.【答案】D。不同学前儿童，虽然年龄相同，心理发展的速度却往往有所差异。横向来看，同一时间片段中，心理发展的各个方面并不是孤立地进行的。各认识过程的发展之间，认识过程与情感意志过程的发展之间，认识过程的发展和个性形成与发展之间，都有着不可分的联系。发展的各个方面是相互联系的。故选D。

10.【答案】D。疑虑、孤独是抑郁质孩子的特点，这些教育措施是针对这类孩子的。

11.【答案】C。这种想象表达了小孩的愿望。

12.【答案】D。在幼儿思维的发展过程中，言语体现思维的间接性和概括性，其作用越来越大，而动作只在直观形象思维中起作用，其作用越来越小。故选D。

13.【答案】A。同一桌上绘画的幼儿想象的主题雷同，说明幼儿想象无预定目的，由外界刺激直接引起。

14. 【答案】B。幼儿能区分一个人是男性还是女性，说明他已经具有了性别概念。

15. 【答案】C。注意可以分为无意注意和有意注意两种基本形式，其主要区别是是否有目的和是否需要付出意志努力。儿童最初的注意属于无意注意，研究表明，1 岁前儿童注意发展是从无意注意到状态性的注意。故选 C。

16. 【答案】D。幼儿期是儿童社会性发展的重要时期，有差别的微笑出现标志着幼儿最初的社会性发生。故选 D。

17. 【答案】C。新生儿的视听协调是新生儿听觉与目光固定以及眼球的协调能力。

18. 【答案】B。适当淡化幼儿的性别角色和行为，对儿童智力发展和形成男女双性化性格是有利的。

19. 【答案】A。儿童在这一刻出现的心理活动是对漂亮玩具的指向和集中，因此，心理现象为注意。

20. 【答案】C。幼儿园实行保育和教育相结合的原则，对幼儿实施体、智、德、美全面发展的教育。

二、简述题答案

1. 【答案要点】

埃里克森强调社会文化背景在人格发展中的作用，提出了心理社会发展理论。他把发展看作一个经过一系列阶段的过程，每一阶段都有其特殊的目标、任务和冲突。各个阶段互相依存，后一阶段发展任务的完成依赖于早期冲突的解决。他把人的心理发展分为 8 个阶段：

阶段 1：（出生到 18 个月）信任对怀疑；

阶段 2：（18 个月到 3 岁）自主对羞愧；

阶段 3：（3 岁到 6 岁）主动对内疚；

阶段 4：（6 岁到 12 岁）勤奋对自卑；

阶段 5：（12 岁到 18 岁）同一性对角色混乱；

阶段 6：（成年初期）亲密对孤独；

阶段 7：（成年中期）繁殖对停滞；

阶段 8：（成年晚期）完美无憾对悲观绝望。

总体来看，埃里克森将儿童置于更加广阔的社会背景中来考察其个性的整体发展，他强调自我与社会文化因素在个性发展中的作用。从研究的广度上，他将个性发展的阶段扩展到人的一生，是最早研究毕生发展的心理学家之一，他的理论对不同年龄阶段人格发展的教育具有一定的启示。

2. 【答案要点】

（1）倾听能力的培养。

（2）口语表达能力的培养。

（3）早期阅读能力的培养。

3. 【答案要点】

学前儿童的认识活动随着年龄的增长不断发展，其主要特点表现在如下几个方面：

（1）对事物的认识主要依赖于感知。幼儿对事物的认识较多地依靠直接的感知，对事物的认识常常停留于事物的表面现象，而不能认识事物的本质特点。幼儿记住的事物也是依赖于对事物的直接感知，其思维活动也离不开对事物的直接感知。

（2）表象活跃。表象虽然不是实际的事物，但它是直观的、生动形象的，因而表象也有具体性的特点。幼儿头脑中充满了具体形象。

（3）抽象逻辑思维开始萌芽。整个幼儿期，思维的主要特点是具体的、形象的，但是，5～6岁幼儿已明显出现了抽象逻辑思维的萌芽，这个阶段幼儿对事物的因果关系的掌握有所发展，初步的抽象能力也明显地发展起来，他们回答问题时，不单从表面现象出发，还能从较抽象的方面来推断事物的因果关系。

4. 【答案要点】

幼儿的气质对幼儿心理活动和行为发展具有十分重要的意义。

（1）幼儿的气质是幼儿个性形成和发展的基础。幼儿气质对幼儿能力、性格的发展都有一定影响。气质不能影响幼儿智力发展水平，但可影响智力活动的方式；幼儿的性格表现上带有各自的气质特点；某种气质可以有力地促进某些性格特征的发展。

（2）幼儿气质影响父母的教养方式，从而影响个性发展。幼儿的气质类型对父母的教养方式有较大影响。母亲对待不同类型的孩子的行为方式是不同的。如果孩子的适应性强、乐观开朗、注意持久，则母亲的民主性表现突出。而影响母亲教养方式的消极气质因素包括：较高的反应强度、高活动水平、适应性差及注意力不集中等。可见，幼儿自身的气质类型，通过父母教养方式而间接影响自身的发展。因此，父母和教师要避免幼儿气质中的消极因素对自己教养方式的影响。

（3）不同气质特点可以有针对性地进行培养。对胆汁质的孩子：培养勇于进取，豪放的品质。对多血质的孩子：培养热情开朗的习惯及稳定的兴趣，防止粗枝大叶，虎头蛇尾。对于黏液质的孩子：培养敏捷、勤奋和进取的精神，防止出现懒惰和冷淡的感情。对抑郁质的孩子：培养机智敏锐和自信，防止疑虑和孤独。

5. 【答案要点】

依恋是婴儿寻求并企图保持与另一个人亲密的身体和情感联系的一种倾向。尽管所有的婴儿都存在着依恋行为，但由于儿童和依恋对象的交往程度、质量不同，儿童的依恋存在不同的类型。一般认为，儿童的依恋行为可以分为以下3种类型：

（1）回避型。母亲在场或不在场对这类儿童影响不大。母亲离开时，儿童并无特别紧张或忧虑的表现。母亲回来了，儿童往往也不予理会，有时也会欢迎母亲的到来，但只是暂时的，接近一下又走开了。这类儿童接受陌生人的安慰和接受母亲的安慰一样。

（2）反抗型。这类儿童遇到母亲要离开之前，总显得很警惕，有点大惊小怪。如果母亲要离开他，他就会表现极度的反抗，但是与母亲在一起时，又无法把母亲作为他安全探究的基地。这类儿童见到母亲回来时就寻求与母亲的接触，但同时又反抗与母亲接触，甚至还有点发怒的样子。

（3）安全型。这类儿童与母亲在一起时，能安逸地玩弄玩具，对陌生人的反应比较积极，并不总是偎依在母亲身旁。但是母亲离开时，探索性行为会受影响，明显地表现出一种苦恼和焦急。当母亲又回来时，他们会立即寻求与母亲的接触，但很快又平静下来，继续做游戏。3种类型中，安全型是较好的依恋类型。

6. 【答案要点】

思维的发生、发展对幼儿心理发展的意义主要有：

（1）思维的发生标志着幼儿的各种认知过程已经齐全。
（2）思维的发生使幼儿其他的认识过程发生质变。
（3）思维的发生使幼儿的情绪和社会性行为得到发展。
（4）思维的发展标志着幼儿意识和自我意识的出现。

7. 【答案要点】
（1）儿童自身因素。
（2）家长的因素。积极的亲子关系有利于幼儿人际交往。
（3）教师的因素。受欢迎幼儿与教师的关系是亲密的，教师常对幼儿进行积极的评价。
（4）社会的因素。作为幼儿生活的大背景——社会，对幼儿的人际关系、同伴交往起到了潜移默化的作用。

8. 【答案要点】
口吃是语言的节律障碍，说话中不正确的停顿和重复的表现。口吃出现的年龄以2~4岁为多。2~3岁，一般是口吃开始发生的年龄，3~4岁是口吃的常见期。
（1）学前儿童的口吃现象，部分是由生理原因造成，更多则是由于心理原因所致。①说话时过于急躁、激动和紧张。②幼儿的口吃还可能来自模仿。
（2）解除紧张是矫正口吃的重要方法。

9. 【答案要点】
（1）自我认识的发展。幼儿自我认识发展包括对自己身体的认识，以及对自己行动、心理活动的认识。掌握"我"字是自我意识形成的重要标志，说明儿童意识到了自己是各种行动和心理活动的主体。
（2）自我评价的发展。幼儿初期，幼儿还不会真正自我评价。他们的自我评价往往依赖于成人对他们的评价，只能评价一些外部的行为表现等。到了幼儿晚期，开始出现独立的评价，有时会对成人的评价持批判态度，还能够评价内心状态和道德品质，评价也比较细致全面。总体来说，幼儿的自我评价能力还很差。
（3）自我体验的发展。幼儿自我体验最明显的特点就是受暗示性。成人的暗示对幼儿自我体验的产生起着重要作用。年龄越小，表现越明显。
（4）自我控制的发展。幼儿自我控制能力的发展主要表现在独立性、坚持性和自制力的发展方面。

10. 【答案要点】
儿童最初的想象是记忆材料的简单迁移。具体而言，幼儿想象萌芽的表现和特点有以下几个方面：
（1）记忆表象在新情景下的复活。2岁儿童的想象，几乎完全重复曾经感知过的情景，只不过是在新的情景下的表现。比如，儿童看见大人抱小娃娃，他也抱玩具娃娃。
（2）简单的相似联想。幼儿最初的想象是依靠事物外表的相似性而把事物的形象联系在一起的。例如，儿童把玩具娃娃称作"小妹妹"。
（3）没有情节的组合。幼儿最初的想象只是一种简单的代替，以一物代替另一物。比如，从生活中掌握了把小女孩称为"小妹妹"的经验，在想象中就把玩具娃娃代替小妹妹。但是没有更多的想象情节，没有或很少把已有经验的情节成分重新组合。

三、论述题答案

1. 【答案要点】

言语是运用语言进行实际活动的过程，是一种心理现象。幼儿言语在发展中容易出现音准差、不会掌握言语表情技巧等问题。教育者要针对其易出现的问题采取适宜的教育措施。主要的问题表现及教育措施如下：

（1）音准差问题及教育措施。

①不能正确掌握发音部位和发音方法。

问题表现：3～4岁的幼儿由于生理上不够成熟，不能恰当地支配发音器官，不能正确掌握发音部位和发音方法，出现发音困难。

教育措施：正确的教学，可以帮助幼儿更好地掌握发音部位和发音方法。特别是对3～4岁的幼儿，可以用说儿歌、绕口令等方法，引导他们多做发音练习。在日常生活中，应要求幼儿努力做到发音清楚。

②方言影响。

问题表现：发音除受生理成熟的影响外，更受环境和教育影响。方言，是幼儿发音不准的又一因素。环境中的方言可能导致幼儿发音不准，对幼儿发音影响极大。

教育措施：在日常教育活动中，要坚持以普通话教学；在日常生活中，家庭也应配合教育，为幼儿创设良好的语音环境，以促进其语音的良好发展。

（2）不会掌握言语表情技巧的问题及教育措施。

①语气的掌握。

问题表现：由于生理的和经验等方面的因素，幼儿不会正确运用语言表达技巧。

教育措施：教师可以通过语音教学，让幼儿朗诵诗歌、复述故事，来帮助幼儿掌握这些技巧，对有些不良习惯，要及时取得家长的配合，给予坚决的纠正。

②幼儿口吃。

问题表现：口吃是语言的节律障碍、说话中不正确的停顿和重复的表现。幼儿的口吃，部分是生理原因，更多的是心理原因所致。口吃出现的年龄以2～4岁为多。2～3岁，一般是口吃开始发生的年龄，3～4岁是口吃的常见期。口吃的心理原因之一是说话时过于急躁、激动、紧张；另一种原因，可能是来自模仿，幼儿的好奇心和好模仿的心理特点，使他们觉得口吃"好玩"，加以模仿，不自觉地形成习惯。

教育措施：解除紧张是矫正口吃的重要方法。特别是4岁以后，幼儿已经出现对自己语言的意识，如果对其口吃现象加以斥责或过急要求其改正，将会加剧其紧张情绪，使口吃现象恶性循环。甚至由此导致幼儿避免说话，或回避说出某些词，难以纠正口吃。如果这种情况发展下去，还将对幼儿的性格形成产生不良影响，导致其孤僻等性格特征。

2. 【答案要点】

《3～6岁幼儿学习与发展指南》中强调了"尊重幼儿发展的个体差异，要充分理解和尊重幼儿发展过程中的个别差异，支持和引导他们从原有水平向更高水平发展"的实施原则。

（1）回答意义时结合加德纳多元智力理论。

（2）个体差异性的定义。

（3）幼儿个别差异类型。幼儿性别差异、幼儿智力差异、幼儿性格差异、幼儿学习类型差异。

（4）措施。

①寻找最近发展区，实施分层教学。

②教学方法：补偿模式、治疗模式、个别化教育方案、性向与教学处理交互作用模式。

3. 【答案要点】

口吃是语言的节律障碍，表现为说话中不正确的停顿和重复。口吃出现的年龄以2~4岁为多。2~3岁，一般是口吃开始发生的年龄，3~4岁是口吃的常见期。

（1）学前儿童的口吃现象，部分是由生理原因造成，更多则是由于心理原因所致。

①说话时过于急躁、激动和紧张。2岁是儿童开始说话的年龄。说话是一种发音的言语流，语音一个接一个地发出。这里包含着发音的连续动作，又要求发音之间有恰当的间断。2~3岁儿童的语言机制还不完善，当儿童急于表达自己的思想时，容易出现言语流节奏的障碍。即在发音系统还没有完成说话的准备时，他已有了发音的冲动，造成先发出的语音和后来应该发出的语音的脱节，也就是发音连续动作的不恰当的停顿和割裂。导致这种现象的情况可能有两种：一是儿童头脑中已经储存了许多语言信息，说话时回忆语言模式的速度相对较快，而说出语言的速度相对较慢，两者的时间差造成了言语流的脱节。二是儿童开始说话后，找不到应有的语词去继续表达。两种情况都使儿童出现过度激动和紧张，这种激动和紧张状态使发音系统受到抑制，发音器官发生很细微的抽搐或痉挛，于是出现了发音的停滞和重复。多次的发音停滞和重复，将使儿童形成条件反射，以后，每次遇到类似的说话情景或类似的语词时，即发生同样的抑制现象，造成口吃。

②幼儿的口吃还可能来自模仿。据北京某医院统计，某年参加口吃矫治的44人中，30人有幼年模仿口吃的历史。幼儿的好奇心和好模仿的心理特点，使他们觉得口吃"好玩"，加以模仿，不自觉地形成习惯。在幼儿园，口吃有时似乎像一种"传染病"，迅速蔓延。

（2）解除紧张是矫正口吃的重要方法。特别是4岁以后，幼儿已经出现对自己语言的意识，如果对其口吃现象加以斥责或过急要求其改正，将会加剧其紧张情绪，使口吃现象恶性循环，甚至由此导致儿童避免说话，或回避说出某些词，难以纠正口吃。这种情况发展下去，还将对儿童的性格形成产生不良影响，导致其孤僻等性格特征。

4. 【答案要点】

5~6岁是学前晚期，即幼儿园大班年龄，也是儿童即将进入小学的年龄。这时期童心理发展的突出特点如下：

（1）好学好问。幼儿的好奇心都很强，但5岁以后幼儿的好奇心和以前明显不同，他们不再满足于了解表面现象，而是想要知道事物的原因，要知道"为什么"。他们有强烈的求知欲和认识事物的兴趣。这一特点的突出表现是，他们非常爱问各种各样的问题，而且一定要弄个水落石出。5~6岁的孩子认知水平有了很大的提高，他们非常喜欢智力活动。总之，强烈的求知欲、好问好学是这个时期幼儿非常明显的特征。

（2）抽象能力开始萌芽。5~6岁的幼儿思维仍然是具体形象的，但是初步的抽象逻辑思维也开始萌芽。幼儿已能够对事物进行分类，能对事物的关系做出判断并正确排出顺序，有了初步的序的概念。这一年龄阶段的幼儿能初步掌握一些抽象的概念，也能够对事物做出简单的因果判断。

（3）开始掌握认知方法。5~6岁的幼儿已出现了有意识地自觉控制和调节自己心理活动的方法，在认知活动方面，无论是观察、注意、记忆，或是思维、想象等，都有了一定的方法。在观察图片中，他们不再是偶然看到哪就看哪，而是有顺序地按一定的规律去看；在注意事物中，5~6岁的幼儿能够采取一定的方法帮助自己集中注意；在记忆一些事物时，幼儿也会采取一定的方法；在解决问题时，大班幼儿会事先计划自己的思维和活动过程。幼儿认知方法的掌握还表现在他们的绘画活动中。他们能够事先思考，"想一想再画"，也能够有意地去想象画面，进行构思。

（4）个性初具雏形。5~6岁的幼儿已对事物有了自己比较稳定的态度。他们爱憎的态度比较明确，看问题也开始有自己的见解，有了一定的独立性。其个性已经开始形成，但可塑性还相当大，环境和教育都对其发展产生极大的作用。

幼儿教师应按照幼儿感觉和知觉发展的规律组织教学活动。

（1）适应现象。感觉会因刺激持续时间的长短而降低或提高，这种现象叫适应现象。在幼儿园教学中，幼儿园各班活动室应有通风换气设施和制度，以保证空气清新。

（2）对比现象。同一分析器的各种感觉会因彼此相互作用而使感受性发生变化，这种现象叫感觉的对比。教师在制作和使用直观教具时，掌握对比现象的规律，对提高幼儿感受性有重要的实际意义。例如，在组织幼儿观察活动时，幼儿不应有喧哗声，教师的声音也不应太大。

（3）知觉中对象与背景的关系。教师要运用背景与对象关系的规律，通过板书、挂图和实验演示出来。教学应当突出重点，加强对象与背景的差别。在固定不变的背景上，活动的刺激物易引起知觉，据此，教师应尽量多地利用活动模型、活动玩具及幻灯、录像等，使幼儿获得清晰的知觉，了解刺激物本身各部分的组合。

5. **【答案要点】**

情绪对人类适应环境有重要作用，在人类进化史上，情绪曾起过这种作用。婴儿最初的情绪表现，有帮助他适应生存的作用。婴儿生存靠成人，天生的情绪反应能帮助他呼唤和影响成人，使其得到照顾。

儿童对环境的适应主要通过交往。儿童的情绪在出生后日益社会化。直到幼儿期，情绪仍然是适应环境的工具，即交往的工具。

成人对新生儿的了解，几乎完全依靠他的表情动作。儿童在掌握语言之前，主要以表情作为交往的工具。在幼儿期，表情仍然是一种重要的交流工具，其作用不下于语言。幼儿常常用表情代替语言回答成人的问题或用表情辅助自己的语言表述。

情绪表达的再现早于语言表达，婴幼儿主要通过面部表情及肢体活动，即身体和四肢的动作和活动，来表达情绪。在言语发生后，则通过言语活动和表情动作一起来表达情绪。

情绪作为信息交流工具的特点是有感染性。在婴儿期，情绪的感染作用尤为突出。

对婴幼儿的情绪感染，往往比语言的作用要大。情绪能成为交往工具是因为情绪有信号作用，能够向别人提供信息交流。情绪往往不是单向的表达，而大多数是有沟通对象的。

四、材料分析答案

1. **【答案要点】**

瑞吉欧理论体系创始人马拉古兹的《儿童的一百种语言》这首诗歌，这个标题饱含了瑞吉欧创办者对儿童无限潜能的尊重、赞赏和期待，要追随儿童，真正尊重、体现并维护儿童的权利。瑞吉欧教育理念的核心就是真正地追随儿童,真正地走进儿童的心灵世界。他们十分强调要尊重、体现并维护儿童的权利。

幼儿的心理发展特点:

(1) 儿童是一个独立的人,是处于不断发展中的积极个体,是一个主动的环境探索者。

(2) 儿童有其自身发展的差异性,每个儿童心理发展都有自身的优势领域,如有的儿童有良好的语言能力,有的儿童在动作发展上有着相当强的协调能力。在同样的心理发展过程中,每个儿童在其发展水平上呈现出差异性。

给教师的启示:

我们首先要树立科学的儿童观和教育观。现代的儿童观与教育观告诉我们,儿童是人,他具有生存权,具有人的尊严以及其他一切基本人权;儿童是一个全方位不断发展的人,他具有满足生存和发展需要的权利。教育不是教教材,而是教儿童,儿童有其特有的身心发展特点,学前课程必须遵循这些特点,在此基础上构建课程的目标体系、内容体系和方法体系。

2. 【答案要点】

小凯妈妈的说法是不正确的。幼儿想象的特点为:

(1) 无意想象为主,有意想象开始发展。

(2) 再造想象为主,创造想象开始发展。

(3) 想象有时和现实混淆。

幼儿时期,常将想象的东西和现实进行混淆,表现在3个方面:

(1) 把渴望得到的东西说成已经得到的。

(2) 把希望发生的事情当成已发生的事情来描述。

(3) 在参加游戏或欣赏文艺作品时,往往身临其境,与角色产生同样的情绪反应。

以上几方面是混淆现象和现实的情况,常被成人误认为在说谎,事实上是幼儿期的想象特点所致。

3. 【答案要点】

第一,胆怯行为形成的原因。

(1) 影响幼儿性格形成和发展的因素主要有:

①遗传的作用。人的神经系统类型在性格形成中有一定的作用,人的气质影响着性格特征的外部表现。研究还表明,神经系统的某些遗传特性可能影响到某些性格的形成,加速或延缓某些行为方式的产生和发展。

②家庭的影响。家庭的教育态度和教育方式对儿童性格的形成与发展有着直接的影响作用。研究证明,父母教育方式、家庭生活氛围和父母的性格对儿童的性格形成有明显的影响。还有,家庭的政治经济地位、父母的文化素养、为人处世方式、儿童出生顺序等因素也潜移默化地影响着儿童性格特征的形成与发展。

③幼儿园教育的作用。幼儿园的教育和教学对儿童性格的形成起主导作用。

④社会环境的影响和社会实践活动的作用。

第二,帮助孩子克服胆怯。

教师应该耐心地帮助孩子,使孩子从教师的话语中、行为中感受到关爱和信任,这对孩子消除自卑非常重要。

（1）我们要消除孩子的胆怯，需多鼓励孩子。老师要多给那些胆怯的孩子必要的关怀。开始，孩子只要有一些进步，都要给予热情和真诚的鼓励，孩子最相信老师的权威，最相信老师的评价。所以，老师的帮助就非常重要。而且老师要经常关注孩子在幼儿园的表现，帮孩子重建自信，主动叫他回答问题，还要用赞赏、默认的眼光看着他，这样，孩子在老师的不断表扬和反复鼓励下，产生被认可、被接受的感觉，增强了大声讲话的信心，有助于消除讲话时的紧张感，从而克服胆怯。

（2）用多种方式引导孩子。教师要积极创造一种轻松、欢快的氛围，如区域活动、娃娃家等。在这种氛围中，孩子的个性可以尽情展露，也利于他讲话、笑闹、蹦跳，无所顾忌。还可以利用角色游戏，让孩子理解自己在日常生活中所能扮演的角色，因势利导，避免对孩子进行枯燥乏味的说教。

（3）培养孩子的责任心有利于克服胆怯行为。我们不必事事抢在孩子前面，不必把他们照顾得无微不至。我们可以明白地告诉孩子他们应负责的范围。逐渐让孩子担负起一定的责任，把责任的接力棒传到孩子的手中，如让孩子做值日生。

4. 【答案要点】

这位教师的做法是不对的，她的做法其实就是一种负面的情绪教育——"以暴制暴"。

"再哭爸爸就不来接你了"这样的严惩、恐吓和威胁性质的语言，不但会扼杀孩子的自尊心，还会使幼儿丧失心理安全感。面对幼儿的负面情绪不正确的做法有：否定感受——打骂、恐吓、哄骗；情绪"绑架"；取消权利；讲大道理；给孩子定性，贴上胆小或坏脾气等标签。

正确的做法应为：采取积极的教育态度，找到幼儿情绪激动的真正原因，寻找情绪背后的需求和想法；及时安慰、引导孩子宣泄负面情绪，给孩子"心理玩具"，提供缓解情绪的物品；"故事知道怎么办"（给孩子讲有治疗作用的故事）。

具体方法如下：

第一种，转移法。转移法是指把注意力从产生消极否定情绪的活动或事物上转移到能产生积极肯定情绪的活动或事物上来。

第二种，冷却法。当幼儿情绪强烈对立时，成人要把教育的重点放在平静幼儿的感情上，使幼儿尽快恢复理智，而不要"针尖对麦芒"，可以采取暂时不予理睬的办法，待幼儿冷静下来后，让他想一想，反思一下：自己刚才的情绪表现是否合适，要求是否合理，等等。

第三种，消退法。对待幼儿的消极情绪可以采用条件反射消退法。

总之，在教师的情绪关注和培养下，随着年龄的增长，孩子的情绪会逐渐丰富，自我调节水平也会日益提高。

5. 【答案要点】

（1）根据对案例进行分析，明明的心理发展的突出年龄特点是好奇、好学。

①4~5岁儿童的心理发展发生了较大的飞跃，而5~6岁则是新的特点继续巩固和发展的时期。这一时期儿童的心理活动概括性和有意性的表现更为明显。儿童一般都很好奇，但5岁以后儿童的好奇心有所不同。他们不再满足于了解表面现象，而要追根问底，其活跃性主要不是停留在身体的活动上，而是表现在智力活动的积极性上。同时，他们有强烈的求知欲和认识兴趣。

②该年龄阶段的儿童经常提出各种各样的问题，喜欢学习，愿意上课，学到一些新的知识或技巧以后就会感到满足，而且喜欢对别人讲。他们已经能够坚持稍长一些时间的智力活动。在课堂上，他们喜欢各种新事物，喜欢一些动脑筋的活动，如做计算活动、编故事或做其他的创造性活动。在课外，不少儿童热衷于下棋、猜谜，或做各种智力游戏。此时，儿童的淘气有时是求知欲的表现，但由于知识经验的局限性，他们常常闯祸后还自以为有理。

（2）正确的教育措施。

针对该阶段儿童好问好学的特点，教师要为幼儿多提供能产生问题的情境和条件，并对幼儿的问题高度关注，尽可能做出科学的解答，以满足他们的好奇心，为今后发展打下良好基础。讨厌孩子提问或对孩子提问加以指责，则会对孩子的心理发展特别是智力发展产生极为不利的影响。

模块二 学前教育原理 练习题

一、选择题（每题只有一个正确答案，错选、多选或未选均无分）

1. 幼儿园的（ ）双重任务是我国幼儿园的一大特色，也是我国幼儿园的社会使命。
A. 发挥一日活动整体教育功能
B. 以游戏为基本活动
C. 教育的活动性和活动的多样性
D. 保育和教育

2. 被称为"教育史上的哥白尼"和"现代教育之父"的教育家是（ ）。
A. 杜威
B. 蒙台梭利
C. 福禄贝尔
D. 夸美纽斯

3. 我国第一所公立幼稚师范学校——江西实验幼师的创办者是（ ）。
A. 陈鹤琴
B. 陶行知
C. 黄炎培
D. 张雪门

4. 世界上第一部论述学前教育的专著是（ ）。
A.《母育学校》
B.《爱弥儿》
C.《社会契约论》
D.《学记》

5. 在近代教育史上，对于掌握知识和发展能力究竟以谁为主的问题上存在争论，一种理论是形式教育论，另一种理论是（   ）。

   A. 学科课程论

   B. 活动课程论

   C. 实质教育论

   D. 现代课程论

6. 创建"活教育"体系的教育家是（   ）。

   A. 陈鹤琴

   B. 福禄贝尔

   C. 杜威

   D. 蒙台梭利

7. 教育内容既要符合幼儿已有的发展水平，又能促进其进一步发展，这符合（   ）。

   A. 发展适宜性原则

   B. 价值性原则

   C. 基础性原则

   D. 兴趣性原则

8. 适合幼儿发展的内涵是指（   ）。

   A. 追随幼儿的兴趣

   B. 任其自由发展

   C. 跟随幼儿的发展

   D. 适合幼儿发展规律与特点

9. 在幼儿园实践中某些教师认为幼儿进餐、睡眠、茶点等是保育，只有上课才是传授知识、发展智力的唯一途径，不注意利用各环节的教育价值，这种做法违反了（   ）。

   A. 发挥一日生活的整体功能原则

   B. 重视年龄特点和个体差异原则

   C. 尊重儿童原则

   D. 实践性原则

10. 幼儿学习的基础是（   ）。

    A. 直接经验

    B. 课堂学习

    C. 间接经验

    D. 理解记忆

11. 幼儿园课程内容的组织方式主要有 3 种，即分科课程、核心课程和（   ）。

A. 活动课程

B. 项目课程

C. 现代课程

D. 单元课程

12. 福禄贝尔认为儿童有4种本能，包括活动的本能、认识的本能、艺术的本能和（ ）。

A. 制作的本能

B. 创造的本能

C. 宗教的本能

D. 运动的本能

13. 制定班级幼儿生活常规的主要目的是（ ）。

A. 帮助幼儿学会自我管理

B. 便于教师管理

C. 让幼儿学会服从

D. 维持纪律

14. 在目前条件下，我国幼儿园比较合适的师生比是（ ）。

A. 1∶15～1∶20

B. 1∶20～1∶25

C. 1∶25～1∶30

D. 1∶30～1∶35

15. 幼儿身高增长主要是在（ ）。

A. 上午

B. 下午

C. 傍晚

D. 夜里

16. 以（ ）为标志，学前教育理论从普通教育学中分化出来。由笼统的认识到建立起独立的范畴与体系，成为一门独立的学科。

A. 杜威

B. 亚里士多德

C. 福禄贝尔

D. 柏拉图

17. 活动性原则源自（ ）的"从做中学"。

A. 皮亚杰

B. 夸美纽斯

C. 福禄贝尔

D. 杜威

18. 让幼儿学会自己的事情自己做，这体现了学前教育中的（　　）原则。
   A. 独立自主性
   B. 发展适宜性
   C. 活动性
   D. 综合性

19. 国内外许多研究证明，儿童在学前阶段通过教育已经能够认识一定数量的字了，所以至少在学前班可以进行"小学化"的识字教育。这种做法（　　）。
   A. 有道理，通过提前识字可以促进儿童的发展
   B. 违背"发展适宜性原则"，不应该这么做
   C. 在条件好的城市的幼儿园大班可行
   D. 可行，因为提前学习知识有利于儿童在竞争中处于有利地位

20. 世界上第一所真正意义上的幼儿教育机构出现在（　　）。
   A. 美国
   B. 中国
   C. 法国
   D. 德国

二、简述题

1. 简述我国幼儿园的教育任务。
2. 简述新时期幼儿园双重任务的特点。
3. 简述幼儿集体教学的利与弊。
4. 简述坚持"保教结合"原则要注意的问题。
5. 简述我国的学前教育目标。
6. 简述幼儿园教学的基本原则以及如何贯彻这些原则。
7. 简述杜威的"儿童中心主义"。
8. 简述教育与政治之间的关系。
9. 简述学前教育学的研究对象和内容。
10. 简述幼儿园教育目标层次间的相互关系。

三、论述题

1. 实习生小赵发现，在教学活动中，教师总是请那几个幼儿发言，有些幼儿茫然端坐，从不举手。她疑惑地询问一个不举手的幼儿，得到的回答是："反正举了手老师也不会叫我。"请从学前教育原则和教育公平的视角论述上述现象。
2. 教师如何对幼儿的主动学习提供支持？

3. 在幼儿园领域教育活动中,为什么要关注幼儿学习与发展的整体性?请结合实例说明。

4. 论述福禄贝尔关于学前教育地位和作用的观点。

5. 怎样做才能体现学前教育的特殊原则?

四、材料分析题

1. 阅读下面材料,回答问题。

下周一要开展手工活动,张老师要求家长给幼儿园准备废旧材料。周一那天,只有苗苗没带材料来,张老师就不让她参加活动。苗苗站在一旁,看同伴活动,情绪很低落,一天都很少说话。回家后,苗苗冲爸爸大发脾气……

问题:

(1) 你认为张老师的做法适宜吗?为什么?

(2) 你觉得张老师应该怎样做?

2. 阅读下面材料,回答问题。

某报报道:湖南某市一位幼儿家长写信说,他的孙子在幼儿园被保育员体罚,脸上和身上都有明显伤痕,而且弄得大小便失禁。他们向幼儿园投诉,对方虽然道了歉,但态度很不诚恳。李先生的孙子今年3岁,名叫聪聪(化名),3月4日进入某某幼儿园,这是当地一家十分有名的民办幼儿园,收费比一般幼儿园高,被人们称为"贵族幼儿园"。陈先生在信中写道:"聪聪入园的头两周,虽有些不适应,尚未感觉有太大变化。第三周起,我们逐渐发现孩子回家后时而埋头不语、时而大喊大叫,一提幼儿园就恐惧万分,对任何人都不理不睬,并且大小便失禁。4月9日,我们去幼儿园看孩子,发现孩子两边脸颊各紫了一大块……4月12日,我们到幼儿园接孩子,聪聪脸上伤痕依旧。恰此时孩子要小便,我帮他脱下裤子,竟发现大腿两边各有青、紫几块,更令人触目惊心的是,其中有一处深深的、特别显眼的指甲印……园长张某还告诉我们说,前两天查夜时,晚上10点半发现聪聪一个人坐在床旁边的痰盂上,很可怜的样子。原来是保育员怕他半夜解手解在床上,所以让他坐痰盂直到解出来为止,还是园长给孩子穿好裤子抱上床的。该园幼儿正常休息时间是8点,可10点多还让孩子坐痰盂,不知道这些'园丁'良心何在?"

问题: 请你结合著名幼儿教育家的教育思想,谈谈幼儿园应该采取什么样的形式实施教育?

如何看待教师的体罚行为?

3. 阅读下面材料,回答问题。

目前,我国由于升学竞争和就业竞争的现实性矛盾,学校教育陷入应试教育的模式中,而这种竞争也影响到学前教育阶段,如社会上风行的"不能输在起跑线上""神童方案"等。一些家长和幼儿机构难以摆脱这种短视的教育做法,表现为重知识灌输轻能力培养、重智力培养轻人格因素培养等错误倾向。一些幼儿园迫于家长压力或经济利益的驱使,办起了各式各样的兴趣班、特长班。

问题: 请你从如何正确理解我国学前教育目标这一角度分析以上现象。

4. 阅读下面材料,回答问题。

幼儿的早期教育越来越引起人们的重视。其中,幼儿学外语已成为人们最为关注的热点，上英语兴趣班已成为一些幼儿家长的首选，书店里幼儿英语教材也越摆越多。幼儿英语教材多则上千元，少则数百元；有的"双语"幼儿园半年收费达数万元。一些家长质疑：幼儿学英语作用究竟有多大？幼儿英语应该怎样学？

问题：根据这些现象，谈谈如何正确理解学前教育促进儿童全面发展的原则，以及重视个别差异的原则？

5. 阅读下面材料，回答问题。

人们越来越关注幼儿的早教问题，甚至有很多父母在早教机构的鼓动下宣称孩子成不成才，就在小孩学龄前的那几年。其中，幼儿学外语成为家长们最为关注的热点，上英语兴趣班已成为一些幼儿家长的首选，书店里的幼儿英语教材也越摆越多。有的英语早教机构的一套幼儿英语教材就要收5 000多元，有的"双语"幼儿园半年收费达数万元。一些家长质疑：幼儿学英语的作用究竟有多大？幼儿英语应该怎样学？

问题：根据这些现象，谈谈幼儿园教育的几大原则。

🔢 学前教育原理　练习题答案

一、选择题答案

1.【答案】D。幼儿园的保育和教育双重任务是我国幼儿园的一大特色，也是我国幼儿园的社会使命。

2.【答案】D。被称为"教育史上的哥白尼"和"现代教育之父"的教育家是夸美纽斯。

3.【答案】A。陈鹤琴在抗战时期创办我国第一所公立幼稚师范学校，即江西实验幼师。

4.【答案】A。《母育学校》是世界上第一部论述学前教育的专著。

5.【答案】C。实质教育论是欧洲18-19世纪对立于形式教育论而出现的一种教育学说。它认为普通教育应以获得有价值的知识为主要任务，而学习知识本身就包含着能力的培养，能力无须加以特别训练。

6.【答案】A。陈鹤琴，现代教育家、儿童心理学家和儿童教育专家，中国现代幼儿教育的奠基人。他毕生致力于中国化新教育的研究和探索，创建了"活教育"理论体系。

7.【答案】A。学前教育的出发点和最后归宿都是促进儿童身心和谐发展，促进每一个儿童在现有的水平基础上获得充分的最大限度的发展。教师进行学前教育与课程的设计、组织、实施都应着眼于促进儿童的发展。所提出的教育目标，既不可任意拔高，也不能滞后。按维果茨基的理论来说，即要找准每个孩子的"最近发展区"，要"跳一跳，摘桃子"。

8.【答案】D。适合幼儿发展的内涵主要是指适合幼儿发展规律与特点。既对幼儿有一定的挑战性，又符合幼儿现有的认知经验范畴，使幼儿在现有的基础上通过努力能够达到。

9.【答案】A。幼儿园应充分认识和利用一日生活中各种活动的教育价值，通过合理组织、科学安排，让一日活动发挥一致的、连贯的、整体的教育功能，寓教育于一日活动之中。题中所述割裂了各活动之间的联系，没有发挥一日生活的整体教育功能。故选A。

10.【答案】A。幼儿对事物的认识是感性的、具体的、形象的，常常需要用动作来帮助思维，这就决定了他们的学习是以直接经验为基础的。

11.【答案】A。活动课程。课程内容的组织方式主要有 3 种，即分科课程、核心课程和活动课程。活动课程，又称经验课程，在课程内容组织方面，强调以幼儿的活动为中心，以幼儿的兴趣、需要和能力为课程内容组织的起点，重视依据幼儿的兴趣、需要和能力的变化不断调整和组织课程内容。

12.【答案】C。福禄贝尔认为儿童具有活动的本能、认识的本能、艺术的本能和宗教的本能。

13.【答案】A。班级生活常规可以培养幼儿良好的行为习惯，还可以帮助幼儿适应幼儿园环境，培养幼儿的自律能力，所以，制定幼儿班级生活常规的主要目的是帮助幼儿学会自我管理。

14.【答案】A。在目前条件下，我国幼儿园比较合适的师生比是 1∶15 ~ 1∶20。故选 A。

15.【答案】D。比较研究发现，幼儿身高增长主要是在夜里。

16.【答案】C。以福禄贝尔为标志，学前教育理论从普通教育学中分化出来，由笼统的认识到建立起独立的范畴与体系，成为一门独立的学科。故选 C。

17.【答案】D。杜威认为，教育是生活的过程，强调从做中学，从经验中学，强调活动性、经验性的主动作业，现代教育中的活动性原则就源自他的这一思想。

18.【答案】A。学前教育的独立自主性原则是指允许幼儿独立处理事情，养成自主的性格。

19.【答案】B。发展适宜性原则是美国幼儿教育协会 1986 年以后极力提倡的教育理念与实践。它当时主要是针对美国幼教界普遍出现的幼儿教育"小学化"等倾向而提出来的。幼儿园在很早就对幼儿进行正规学术培养的做法是错误的，大量的研究发现，幼儿期更为有效的学习方式应该是具体形象的、以游戏为主的自发性学习，而不是这种"小学化"教学。

20.【答案】D。世界上第一所真正意义上的幼儿园出现在德国，创办人是福禄贝尔。故选 D。

二、简述题答案

1.【答案要点】

幼儿园教育任务的具体要求可以概括为以下几个方面：

（1）搞好卫生保健工作，培养幼儿良好的生活、卫生习惯和独立生活的能力。

（2）发展幼儿的基本动作，培养幼儿对体育活动的兴趣，提高机体的功能，增强体质，促进幼儿的健康。

（3）在幼儿学习周围生活中的粗浅知识与技能时，注重发展幼儿的注意力、观察力、记忆力、想象力、思维能力，激发他们的学习兴趣与求知欲望，培养他们良好的学习习惯与初步的动手能力，学习运用感官和语言交往的基本能力，增进对环境的认识。

（4）萌发幼儿爱家乡、爱集体、爱祖国、爱劳动、爱科学的情感，培养他们诚实、自信、友爱、勇敢、爱护公物、克服困难、讲礼貌、守纪律等良好品德行为和习惯以及活泼开朗的性格。

（5）培养初步的感受美和表现美的情趣和能力。

2.【答案要点】

我国幼儿园具有为幼儿和幼儿家长服务的"双重任务"。《幼儿园工作规程》指出，幼儿园的任务之一是"实施保育和教育相结合的原则，对幼儿实施体、智、德、美诸方面全面发展的教育，促进其身心和谐发展"；其二是"幼儿园同时为家长参加工作、学习提供便利条件"。

新时期幼儿园双重任务的特点有以下几个方面：

（1）对幼儿身心素质的培养提出了更高的要求。现代科技的飞跃发展使社会进入了以知识、信息为主要生产动力的时代。国家提出了"科教兴国"的战略决策，这一切使教育面临前所未有的挑战。幼儿教育必须从素质教育入手，对教育思想、内容、形式、方法等全面地进行改革，否则，幼儿园是难以跟上时代的步伐、使幼儿成长为社会所需要的一代新人的。

（2）为家长服务的范围不断扩大。在新的经济社会形势下，幼儿教育机构类型单一、服务范围狭窄、机制不灵活的现状就不可避免地会和社会的需求不相适应。客观上要求各种幼儿教育机构在办园形式、管理制度、收托时间、保育范围、运作机制等各方面更灵活、更方便、更能适合家长工作、学习、生活方面的特点和需要。

（3）家长对幼儿教育认识不断提高，要求幼儿园具有更高的教育质量。幼儿家长通过耳闻目睹，对幼儿教育在人一生发展中的重要意义的认识不断提高。他们不仅希望孩子在幼儿园吃得好、长得好，更希望孩子能接受好的教育，幼儿园教育质量的高低成为家长最关心的问题。提高保育和教育质量成了幼儿园生存和发展的关键。幼儿园只有教育质量高，才会生源充足、家长满意、获得良好的社会效益。

3. 【答案要点】

（1）幼儿集体教学的优点。由于集体教学是教师有目的、有计划地组织的，班级所有幼儿都参加的一种教育活动，因此，从理论上看它具有以下优越性：

①高效、经济、公平。

②对幼儿学习和发展的引领性强。

③系统性强。

④形成学习共同体，培养集体感。

（2）幼儿集体教学的弊端。

①集体教学的功能定位不准确，与日常生活和游戏的关系和联系不清楚。

②各领域的教育目标定位不清，核心价值难以体现。

③幼儿在各领域发展的年龄特征、学习特点与实际发展水平把握不准，教学目标或高或低，比较空泛，而且重知识技能类目标，轻情感态度类目标。

④教学内容的"含金量"不大，难易程度不适当；"含金量"较大的内容其教育价值也往往得不到充分发掘。

⑤教学过程缺乏有效的师生互动，"启发引导"不足，"灌输控制"有余，幼儿多处于被动学习状态。

⑥教学方法单一，与幼儿学习特点不符，或者虽花样翻新，但华而不实，不能有效地促进学习，等等。

4. 【答案要点】

第一，保育和教育是幼儿园两大方面的工作。

第二，保育和教育工作互相联系、互相渗透。

第三,保育和教育是在统一过程中实现的。

5.【答案要点】

为顺应时代的要求,我国的学前教育目标包括以下几方面:

(1)促进幼儿身体正常发育和机能的协调发展,增强幼儿体质,培养幼儿良好的生活习惯、卫生习惯和参加体育活动的兴趣。

(2)发展幼儿智力,培养正确运用感官和运用语言交往的基本能力,增进对环境的认识,培养有益的兴趣和求知欲望,培养初步的动手能力。

(3)萌发幼儿爱家乡、爱祖国、爱集体、爱劳动、爱科学的情感,培养良好的品德行为和习惯,以及活泼开朗的性格。

(4)培养幼儿初步感受美和表现美的情趣和动力。

6.【答案要点】

(1)科学性和思想性相结合的原则。贯彻这一原则应注意以下几点:①教师应加强学习,教师的思想水平和专业能力是贯彻幼儿园教育科学性与思想性相结合原则的前提条件。②发挥教师的榜样作用,科学地、具有启发性地回答幼儿提问,帮助幼儿形成对待科学的正确态度。③注重情感渗透、切忌说教。

(2)积极性原则。贯彻这一原则应注意以下几点:①科学选材,精心设计,灵活调整教学活动计划。②加强交流,建立平等的师生关系,鼓励幼儿多方面地参与和创造。③关注幼儿与众不同的行为,允许幼儿出错,使幼儿在学习过程中能得到积极的情感体验。

(3)发展性原则。贯彻这一原则应注意以下几点:①树立终身可持续发展观念。②了解幼儿的发展需要,选择的教学内容应有一定的难度,而且是逐步加深的。

(4)直观性原则。贯彻这一原则应注意以下几点:①根据教学目标、内容及幼儿实际恰当选择和运用直观手段。②直观手段要与训练幼儿感官和动作相结合。

(5)活动性原则。贯彻这一原则应注意以下几点:①教师要根据教学目标、教学内容及幼儿的实际,设计、组织丰富多彩的活动。②教师主要根据幼儿的个性特点进行指导,放手让幼儿进行多方面的尝试和探索。

7.【答案要点】

"儿童中心主义"是杜威实用主义教育理论的基本原则,是教育理论甚至整个现代派教育理论的一个核心要求。在批判传统教育弊病的基础上,杜威提出"教育要以儿童为中心"的口号,主张把教育重心转移到儿童方面,使儿童成为教育的主宰,重视儿童本能活动,为儿童本能生长和儿童活动的开展创造条件。

这一理论深入批判了传统教育的弊端,在教育领域开展深刻革命,影响非常广泛持久。但由于是在本能论心理学基础上提出的,它否定社会实践对人的作用,因此不够科学。

8.【答案要点】

(1)政治对教育的制约作用。政权性质决定了教育的领导权和受教育的权利;政治体制决定了教育的体制;政治纲领决定了教育的方针、目的。此外,政治体制还影响着师生关系。如封建社会政治体制下,师生关系是有等级的,一日为师,终身为父;现代社会的政治体制下师生关系则比较民主。

(2)教育的政治功能。教育不仅受到政治的影响和制约,同时也能动地作用于政治的发展,发挥着巨大的政治功能。教育的政治功能主要表现在维护社会政治稳定和促进社会政治的变革；教育具有维护社会政治稳定的功能；教育具有促进社会政治变革的功能。

9. 【答案要点】

学前教育学是专门研究学前教育现象，揭示学前教育规律的一门科学。比如，幼儿园应如何安排儿童的一日生活，才能有利于儿童的健康成长；教师应如何创设游戏环境，才能充分发挥游戏活动在幼儿发展中的作用等都是它所要探讨的问题。

学前教育学的研究内容主要包括：儿童观的演变与发展；教育观的形成与变革，学前教育的目标与任务；学前教育课程的种类与评价；幼儿园社会教育的价值与实施；幼儿游戏的价值与指导；幼儿园家庭教育指导的内容与原则；幼儿教师的素养与培训。

10. 【答案要点】

幼儿园教育目标层次间的相互关系表现如下：

（1）幼儿园教育目标是指导幼儿园开展教育工作的纲领性目标，具有普遍的指导意义。

（2）中期目标，即幼儿园小、中、大等各年龄班的教育目标。也就是说，在幼儿园教育总目标的指导下，对不同年龄班的幼儿教育提出了不同的要求。

（3）近期目标，也称短期目标，是指在某一阶段内要达到的教育目标，近期目标的制定是为完成最终的目标服务的。短期目标一般是教师在日常生活的教育活动中制定的，往往在月计划和周计划中体现出来。

（4）活动目标，即某次教育活动需要达成的目标。在一节课或一次活动中，教师可能会提出这些目标，这个层次的目标通常通过教师的活动计划或教案来体现。在幼儿园教育中，教育总目标要通过上述4个层次的目标才能落实到幼儿身上。目标越小、越具体，目标的实现也就越容易。上述4个层次的目标由抽象到具体构成了幼儿园教育总目标，通过上述层次的转化，使宏观的教育目标真正成为可操作的活动目标，从而促进幼儿个体的发展，最终实现教育目的。

三、论述题答案

1. 【答案要点】

教育的公平性原则就是使每个幼儿都能感到自己有机会，自己被重视，从而调动幼儿探究事物的积极性，同时还可以锻炼幼儿的思维能力。当幼儿被点到回答问题并成功时，都有一种被重视和被赏识的心理，幼儿一天都会表现得特别兴奋，而且会把这种心境持续到回家告诉父母。如果孩子很少有机会回答问题，那么这样的孩子大都缺乏自信心。因此，课堂教学时，教师应该尽量分层次提出问题，让多个幼儿回答问题，在一段时间的课堂上，每个幼儿都有回答问题的机会，以避免出现问题中所阐述的现象。

2. 【答案要点】

（1）营造民主化学习环境，为幼儿搭建主动学习的平台。如教师在课堂上提出一些探究性的问题后，要留给幼儿自己思维的空间，不要以诱导或者暗示的方式，把幼儿的思路限制在自己为他们设计好的模式中，要给他们自主学习的机会。在操作活动中要多提供让幼儿自主探究、自主体验的机会，要学会"等待"，不要急于把现成答案抛给幼儿，要让幼儿尽情地探索、体验，在自主状态下主动建构知识与经验。

（2）创造性地运用教材，为幼儿提供主动学习的材料。如科学活动"它能穿越管子吗"，为学生提供操作材料：不同形状的白色弯管、直管，带螺帽的线、铅笔、打气筒、手电筒。先请幼儿猜:"带螺帽的线、铅笔、打气筒里打出来的气、手电筒里照出来的光,这4样东西能穿越管子吗?"接着幼儿操作验证:引导发现:"什么东西能穿越弯管?什么东西不能穿越弯管?"然后探讨问题:"为什么线和空气能穿越弯管?为什么铅笔和光线不能穿越弯管?"再次实验,最后得出结论。

(3)改变教学方法,帮助幼儿提高主动学习的能力,让幼儿主动提出和解决问题。如科学活动"会滚的物体",让幼儿自由玩弄物品去发现"什么东西会滚?什么东西不会滚?为什么?"对于幼儿来说,自己主动发现问题、探求新知,印象和感受最深刻,理解也最深刻。

(4)教给学习的方法,为幼儿创造主动学习的条件。如大班科学课"昆虫",课前我们让幼儿准备一些关于昆虫的信息。这样,在父母的协助下,他们大多从杂志、报纸、电脑等渠道上获得各种各样的关于昆虫的信息,有的还直接带来和父母一起捕捉到的昆虫及昆虫的标本,等等。这些准备过程,不仅丰富了幼儿的知识、扩大了感性认识、开阔了眼界,更重要的是让幼儿学会了收集信息的方法,培养了幼儿积极、主动、独立学习的乐趣与能力。

(5)改进指导策略,有效地促进幼儿主动学习。如科学教学中,营造幼儿主动探索氛围的策略:一是让幼儿带着疑问去探索;二是在操作过程中不限制幼儿的自由讨论、随机提问;三是允许幼儿走动探索,让幼儿不光观察探索自己的问题,还鼓励他们与同伴比较、分析、交流与合作;四是随时捕捉幼儿不同的表现和发现,让幼儿在宽松的环境中探索,自主地乐于探究。

3.【答案要点】
幼儿园领域教育活动中必须关注幼儿学习与发展的整体性,这是因为幼儿的学习与发展具有整体性的特点:

(1)幼儿学习与发展的过程具有整体性。在现代认知理论看来,"发展是一种由新结构的获得或从一种旧结构向一种新结构的转化组成的过程"。即发展是一种内部的、连续的、稳定的变化,不仅是量的变化,更重要的是质的变化。例如,一个3岁的孩子被教会背"$4 \times 6 = 24$",对这个孩子来说,他虽然获得了内部的、稳定的、持久的变化,但这个孩子并没有获得发展,因为他不理解乘法的意义,只是靠机械的学习积累,并没有达到理解的水平。只有当幼儿把所学的知识与头脑中原有的知识体系相互联系起来,并能把整个系统中相关联的对象联系起来时,才能说这种变化导致了结构的变化,才可称得上是发展。人的发展既是人身心成熟的自然表现和本能、天性,也是在后天的社会影响下,通过学习等实践活动所生成的,它是一个整体发展的过程,所以我们要关注幼儿学习与发展的整体性。

(2)幼儿学习与发展的各个方面具有整体性。幼儿各个方面的发展并不是彼此孤立地进行的,如认知发展与社会情感发展之间,身体发展和个性发展之间,语言发展与社会情感发展之间等,都有着不可分割的联系。也就是说,幼儿学习和发展的各个方面是具有整体性的。

近年来,幼儿教育小学化现象日趋严重,其主要表现就是不注重幼儿综合素质的培养,教育活动过于强调向幼儿"灌输"知识,缺少生动的教具演示,缺少图案色彩,有的甚至从小班就要求幼儿会写字、学习拼音、做算术、给幼儿留作业,幼儿园做不完,回家还要做。这种"小学化"的教育方式，对幼儿的健康成长带来了很大危害。因此，对幼儿的教育要注重领域之间、目标之间的相互渗透和整合，促进幼儿身心全面协调整体发展，而不应片面追求某一方面或几个方面的发展。

4. 【答案要点】

学前教育机构的出现，促进了学前教育理论的产生，使学前教育学从普通教育学中分化出来，成为一门独立的学科。对此做出巨大贡献的教育家是德国的福禄贝尔，他撰写了《人的教育》《幼儿园教育学》等著作，他的学前教育思想影响了整个欧洲及美国、日本等许多国家的幼儿教育。

（1）他指出学前教育是很重要的，它关系到国家的命运和前途。

（2）他指出学前教育要全面。因为社会发展需要的是全面发展的人，而学前教育也只有培养出全面发展的人，才能适应社会发展的需要。为此，他指出幼儿园的任务是对"成长着的儿童给予全面的关心"，"为儿童的全面发展进行全面的引导"。

（3）他指出学前教育要遵循儿童的自然。他批判地继承了夸美纽斯提出的教育"适应自然"的思想，以及裴斯泰洛齐提出的只有适当的教育"才能使人成为人"的思想，指出在教育过程中，要使幼儿的个性得到充分的发展，就必须遵循儿童的自然、遵循儿童成长发展的规律。

（4）他指出学前教育要注意游戏化。福禄贝尔认识到活动对于儿童的成熟、个性全面和谐的发展有重大价值。

（5）他指出要加强对学前儿童的指导。福禄贝尔认为要使游戏等活动充分发挥教育儿童的作用，教师就必须对儿童的活动进行指导。教育儿童是一个师生相互影响、相互作用的过程，教师应根据教育原理，为儿童设计、安排许多不同的活动。

5. 【答案要点】

（1）坚持保教结合原则。教师应从幼儿身心发展的特点出发，在全面、有效地对幼儿进行教育的同时，重视对幼儿生活上的照顾和保护，使幼儿健康、全面地发展。

（2）坚持以游戏为基本活动的原则。游戏是幼儿园的基本活动，最符合幼儿身心发展的特点，最能满足幼儿的需要，有效地促进幼儿发展，具有其他活动所不能替代的教育价值。因此，幼儿园必须以游戏为基本活动，保障幼儿游戏的权利，创设丰富的游戏环境，让幼儿能愉快地游戏。

（3）坚持教育的活动性和活动的多样性原则。学前教育应从幼儿身心发展的特点和水平出发，以活动为基础展开教育。同时，活动形式应多样化，让幼儿能在多种多样的活动中得到发展。

（4）坚持教育的直观性原则。教师要根据幼儿的身心发展水平，运用各种形式的直观教学手段，从实物类型的直观向图片、模型、语言直观等过渡。教师通过演示、示范、运用范例等直观教学手段，变抽象为形象，还可以辅以形象生动、声情并茂的教学语言，帮助幼儿理解教学内容。

（5）坚持发挥一日生活整体教育功能的原则。幼儿园一日生活是指幼儿园每天进行的所有保育、教育活动，包括由教师组织的活动（指幼儿的生活、劳动、教学活动等）和幼儿自主、自由的活动。教师应充分认识和利用一日生活中各种活动的教育价值，通过合理组织、科学安排，让一日生活发挥一致、连贯、整体的教育功能。

贯彻该原则时应注意：首先，无论是生活活动，还是教学活动，无论是有组织的活动还是幼儿自主、自由的活动，都各具重要的教育作用，对幼儿的发展来说都不可或缺。不能顾此失彼，随意削弱或取消任何一种活动。其次，每种活动不会孤立地对幼儿发挥影响力。一日生活必须统一在共同的教育目标下，形成合力，才能发挥整体教育功能。因此，如何把教育目标渗透到各种活动中，每个活动怎样围绕目标来展开，就成为实践中应当特别关注的问题。

四、材料分析题答案

1. 【答案要点】

（1）张老师的做法不适宜。①幼儿是教育的主体，老师没有权利不让幼儿参与活动。②教育应具有公平性，所有幼儿的教育权都是平等的，不能因为没有带材料，就不让参与活动。③张老师的教育方式粗暴，极容易伤害幼儿的自尊心。

（2）①打电话让家长送，多提醒家长。②问一问谁愿意同苗苗一起分享材料，并及时肯定幼儿的行为。③让她当老师的小帮手。④告诉她下一次一定要记住。⑤可以回家做好，明天带回来。

注：回答内容应包括家长可以做的、老师可以做的、幼儿园可以做的、同伴之间可以做的。老师与同伴是重点。

2. 【答案要点】

著名幼儿教育家在他们的教育思想中都主张尊重幼儿、平等对待幼儿、要让幼儿在主动探索中学到知识，切忌以教师的观点去控制幼儿的发展。比如，陈鹤琴先生提到过，对待幼儿的过失，如果用训斥、讥讽或变相惩罚甚至体罚来对待，就可能使幼儿为逃避灾难而说谎，这势必影响到幼儿身心的正常发展。

幼儿园事故中有一项是指由于体罚和变相体罚幼儿导致的后果。体罚是指教师的行为造成幼儿人体损害的一种行为。广义的体罚还包括变相体罚，如罚蹲下起立、罚站、罚跪等。老师体罚幼儿，无论从良心、道德还是法律上来讲，都是不允许的。

教师因故意行为造成幼儿伤害的，法律也有相应的责任规定。《未成年人保护法》明确规定："学校、幼儿园、托儿所的教职员对未成年幼儿和儿童实施体罚或者变相体罚，情节严重的，由其所在单位或者上级行政机关给予行政处分。"《中华人民共和国义务教育法实施细则》第四十二条进一步指出："对体罚幼儿情节严重，违反《中华人民共和国治安管理处罚条例》的，由公安机关给予行政处罚，构成犯罪的，依法追究刑事责任。"惩罚事件不仅对幼儿的身体有伤害，同时更伤害了他们的心理，幼儿的家长有通过法律讨回公道的权利。从理论上说，幼儿园如果做得完美，自然就用不到惩罚；因为幼儿园不容易做得完美，惩罚也就不能废除了。惩罚应有原则：教幼儿明白规则的意义；使幼儿了解规则是大家应共同遵守的规定；惩罚不得妨害幼儿身体；惩罚不得侮辱幼儿的人格；惩罚不得妨害幼儿学习；在可能的范围内须尽力顾全幼儿的名誉；须鼓励幼儿勇于改过，引起他们的自爱。履行步骤：友谊式劝导—命令式警告—提示姓名—分座。

3. 【答案要点】

（1）我国幼儿园教育的目标是"对幼儿实施体、智、德、美等方面全面发展的教育，促进其身心和谐发展"。这一目标是确定幼儿园教育任务、评估幼儿园教育质量的根本依据，国家通过这一目标对全国幼儿园教育进行领导和调控。

（2）幼儿园教育目标是根据教育目的并结合幼儿园教育的性质和特点提出来的。我国幼儿园教育的目标是培养全面发展的幼儿，它体现了我国教育目的的基本精神，并兼顾幼儿园教育的性质和特点。幼儿园教育目标的提法又与学校教育目标略有不同，如把"体"放到了第一位，这是因为，在幼儿阶段，身体的正常发育和机能的健全发展较以后各年龄阶段更为重要。

（3）教育从根本上说就是培养人，所以教育目标是否合理，除了符合社会要求之外，还要看是否符合教育对象的身心发展规律。举一个简单的例子来说，成年人画一个菱形图案是件轻而易举的事，然而对于幼儿来说，却是很困难的，即使3岁孩子临摹一张菱形图样也是很困难的。这就是说，幼儿的发展是有一定年龄特征和规律的，是一个按照一定顺序、不断地从低级到高级发展的过程，教育目标如果不符合幼儿发展的规律，不符合幼儿个体的发展需要和可能性，就不可能变成现实。因此，教育目标的制定必须适应幼儿身心发展的年龄特征。

（4）一味地追求某个方面发展，忽视幼儿的全面发展，可能严重损伤儿童生长发育的自然进程，损伤儿童潜能发育，造成儿童期、青少年期乃至成人期体力、心智、能力、性格和气质发展迟缓、压抑和伤害。

4. 【答案要点】

促进儿童全面发展的原则是指教师在制订教育计划、设计教育活动时，应当注意儿童的发展是整体的发展而不是片面的发展，教育必须促进儿童体、智、德、美等方面的全面发展，不能偏废任何一个方面。单项发展再突出也不能说明一个人完整的人性。此外，儿童的发展应是协调的发展，还应让不同的儿童在不同的方面能够实现自己有特色的发展，而不是千人一面让幼儿盲目地学习外语，这是违背全面发展原则的。

由于每个儿童的需要、兴趣、性格、能力、学习方式等各有不同的特点，因此教师必须考虑每个儿童的特殊需要，因人而异地进行教育，使每个儿童都能发挥优点和特长，在自己原有的水平上得到应有的发展、许多儿童对学习外语没有足够的兴趣，并且学习外语并非越早越好，有时效果会适得其反。

5. 【答案要点】

《幼儿园工作规程》的教育工作原则提出："要遵循幼儿身心发展的规律，注重个体差异，因材施教，引导幼儿个性健康发展。""幼儿园必须切实做好幼儿心理和生理的卫生保健工作。"针对心理不健康的儿童，幼教工作者要在工作中利用游戏创设良好的心理疏导环境。幼儿园教育需要遵循的原则主要如下：

（1）促进幼儿体、智、德、美的全面和谐发展。幼儿园教育的基本任务是促进幼儿体、智、德、美的全面发展，不应片面追求幼儿的特长和技能。作为幼儿园教师应该明确，办特色园、特色班或者兴趣小组必须以提高幼教质量、促进幼儿的发展为落脚点。幼儿教育的任务是为幼儿基本素质的发展服务，不能盲目追新求异。在材料中，早教机构的夸张宣传和教学让幼儿盲目地学习外语是违背全面发展原则的。

（2）尊重儿童，建立平等的师生关系。①儿童期是人生的一个特殊阶段，有其特有的价值。②强调儿童学习的自动化和自律。③在人生的早期阶段，儿童是通过操作来学习的。④儿童会动手操作是教育的出发点。⑤所有的儿童都拥有在适宜的条件下发展的潜力。幼儿在教师的眼中不应该有智愚之分，而只有发展阶段和速度的快慢之别。教师的责任就是要了解幼儿的个体差异，提供与幼儿心智能力相匹配的教育目标、内容、形式和材料等。⑥在教育过程中成人和同伴是最重要的教育因素。⑦幼儿园教育不仅是儿童与知识、材料之间建立联系，而且也是儿童与环境、与人之间的接触。

（3）重视年龄特点和个体差异。在教育过程中，教师一定要重视了解儿童的年龄特点，了解该年龄段儿童的发展特点，从而有针对性地进行教育。同时，教师应该舍弃以往那种面向中间、舍弃两端的做法，面向每一个儿童，使他们的潜力得到充分的发挥。许多幼儿对学习外语并没有足够的兴趣，并且学习外语并未被证明越早越好，甚至可能适得其反。

（4）发挥一日生活的整体功能。教师应该充分认识和利用一日生活各个环节的教育价值，通过合理组织、科学安排，使其成为一个有机的整体，让幼儿在自然的生活中身心健康地发展。一日生活的整体功能指保教结合，日常生活活动与教育活动相结合，处处渗透教育，在各个环节注意幼儿身体的养护，使之成为一个有机的整体。在幼儿园实践当中，一些保育员教师对一日活动各环节的作用认识单一、片面，把保育和教育两者的界限划分得过清，以为保育就是管好孩子的吃、喝、拉、撒、睡，保证孩子的卫生和安全；教育就是传授给幼儿知识，让幼儿掌握技能，结果割断了两者之间的有机联系。在幼儿时期，孩子最需要接受的不是具体的知识，而是养成学习习惯。幼儿园应该让孩子养成良好的生活习惯、学习习惯、与人交往的习惯，培养孩子的爱心、同情心、创造力以及自控力，而不是以单词数量衡量孩子的学习成果。

（5）以游戏为基本活动。游戏是儿童的权利，是学龄前儿童全面发展的重要手段。在这个新的世纪里，我们更要强调游戏的教育作用，把它看作幼儿园教育当中的基本活动。

父母和幼儿园可以利用游戏，让孩子在游戏中学习外语，培养孩子的英语语感和表达能力；可以让孩子在游戏中听外语的歌曲和玩一些与外语有关的游戏，让孩子在玩中学。

模块三　生活指导　练习题

一、选择题（每题只有一个正确答案，错选、多选或未选均无分）

1. 人体中枢神经系统用来产生能量的营养素是（　　）。
A. 碳水化合物分解成的葡萄糖
B. 脂肪
C. 蛋白质
D. 维生素

2. 由于幼儿的肌肉中水分多，蛋白质及糖原少，不适合他们的运动项目是（　　）。
A. 拍球
B. 投掷
C. 长跑
D. 跳绳

3. 《幼儿园工作规程》指出，幼儿园应制定合理的幼儿一日生活作息制度，两餐间隔时间不少于（　　）。

　　A. 2.5 小时

　　B. 3 小时

　　C. 2 小时

　　D. 3.5~4 小时

4. 婴幼儿应多吃蛋、奶等食物，保证维生素 D 的摄入，以防止因维生素 D 缺乏而引起（　　）。

　　A. 呆小症

　　B. 异嗜癖

　　C. 佝偻病

　　D. 坏血病

5. 幼儿鼻中隔是易出血区，该处出血后，正确的处理方法是（　　）。

　　A. 在鼻根部涂抹紫药水，然后安静休息

　　B. 让幼儿头略低，冷敷前额、鼻部

　　C. 止血后，半小时不做剧烈运动

　　D. 让幼儿仰卧休息

6. 幼儿在户外活动中扭伤，出现充血、肿胀和疼痛，教师应对幼儿采取的措施是（　　）。

　　A. 停止活动，冷敷扭伤处

　　B. 停止活动，热敷扭伤处

　　C. 按摩扭伤处，继续活动

　　D. 清洁扭伤处，继续活动

7. 早期发现营养不良患儿最主要的措施是（　　）。

　　A. 开展生长发育监测

　　B. 开展健康教育

　　C. 指导喂养

　　D. 开展疾病预防

8. 肥胖症属于（　　）。

　　A. 身心疾病

　　B. 营养性疾病

　　C. 消化道疾病

　　D. 遗传性疾病

9. 幼儿园一日生活中重要的往往被忽视的生活活动是（　　）。

A. 入园
B. 睡眠
C. 饮水
D. 如厕

10. （　　）是由空气传播而引起的传染病。
A. 流行性乙型脑炎
B. 细菌性痢疾
C. 甲型肝炎
D. 流行性脑脊髓膜炎

11. 幼儿在5岁以后，白天或者夜晚仍不能主动控制排尿，经常夜间尿床，白天尿裤，称（　　）。
A. 遗尿症
B. 尿床
C. 大小便失禁
D. 失调症

12. 从（　　）岁开始，乳牙先后脱落，逐渐换上恒牙。
A. 2～3岁
B. 3～4岁
C. 4～5岁
D. 5～6岁

13. 乳牙过早缺失的主要原因为（　　）。
A. 龋齿
B. 缺碘
C. 长期流涎
D. 错齿

14. 儿童每天摄入脂肪应占总热能的（　　）。
A. 10%～15%
B. 15%～20%
C. 20%～25%
D. 25%～30%

15. 3岁男孩开始出现频繁呛咳后发生面部青紫，首先要考虑（　　）。
A. 急性肺炎
B. 粟粒性肺结核

C. 气管异物

D. 药物中毒

16. 上课时，个别幼儿喊口渴要喝水，老师的正确做法是（　　）。

A. 立即让该幼儿离座去喝水

B. 让该幼儿坚持到下课

C. 批评后再让其喝水

D. 停止教育活动，督促所有幼儿喝水

17. 以下关于儿童眼睛特点的描述正确的是（　　）。

A. 晶状体富有弹性

B. 10 岁以前可以有生理性远视

C. 治疗弱视的最好时机是在 10 岁以前

D. 斜视无法矫正

18. 如果确定幼儿的关节脱臼了，不可以采取以下哪项措施？（　　）

A. 不要延误医疗时机，应当立即寻求医疗救助

B. 不要移动关节

C. 在患处放置冰块

D. 自己帮孩子把关节复位

19. 4~7 岁的幼儿每分钟要呼吸（　　）次。

A. 16~20 次

B. 20~25 次

C. 25~30 次

D. 30~35 次

20. 急性重型腹泻对儿童的危害最主要是（　　）。

A. 营养不良

B. 内分泌紊乱

C. 代谢紊乱

D. 脱水、水电解质紊乱

二、简述题

1. 举例说明如何在幼儿园一日生活中实施"动静交替"的原则。
2. 简述托幼园（所）卫生保健室的基本职责。
3. 如何预防幼儿发育迟缓？
4. 幼儿在进餐，教师应让幼儿注意哪些问题？
5. 简述幼儿生活常规教育的意义。

6. 简述幼儿卫生保健工作的内容。

7. 简述幼儿园一日生活的主要环节。

8. 简述幼儿生活常规教育的概念和实施意义。

9. 简述培养幼儿良好生活习惯的方法与途径。

10. 简述幼儿常见安全问题与处理方法。

三、论述题

1. 试述幼儿园一日生活的教育意义。

2. 试述小班儿童的主要学习内容。

3. 某幼儿园中班发生一例甲型病毒性肝炎，幼儿园应当采取哪些措施？

4. 试述为预防幼儿园安全事故，教师应如何创设安全的环境？

5. 试述培养幼儿良好生活习惯的方法。

四、材料分析题

1. 阅读下面材料，回答问题。

据新华社报道，银川市某中心幼儿园因食堂卫生问题，导致该园182名儿童出现细菌性痢疾爆发。这一卫生安全事件发生后，卫生部在认定幼儿园承担主要责任的同时，对银川市金凤区卫生监督所监督不力的问题进行了全国通报批评，并建议当地卫生行政部门追究其主要责任人员的失职责任。

问题：请你根据幼儿园集体儿童膳食的相关理论，对上述材料加以分析，并谈谈有何对策。

2. 阅读下面材料，回答问题。

在中班幼儿的一次手工活动中，某老师为了教育孩子们注意用剪刀的安全，就告诉孩子们："大家剪时要小心，今天这些剪刀都是新的，很锋利的，不能剪到小手，小手剪破会流血。也不能剪到衣服，衣服也会被剪破的。"结果是，一名幼儿真的悄悄剪了小手指上的表皮，虽不至于流血，但也很危险了，另一个幼儿则把同桌一女孩子的羽绒服剪了一个小口。

问题：这是一位工作不久的教师在课堂上发生的事件，试进行评析。

3. 阅读下面材料，回答问题。

以前在我们班里经常出现孩子吃饭情绪不高，不能按时将饭菜吃完，桌上、地面到处留下饭粒、菜渣等现象。

为了改变这种状况，最近，我们开始实施"自助餐厅"的做法，让孩子根据自己的身体情况、饭量的大小，由自己决定自己进餐食量的需要，不再由老师统一定量、统一分配。而且，在自助餐厅中，老师担任服务员的角色，用游戏的口吻向孩子介绍今天的菜单；以愉快的情绪，热情地招呼小朋友，提醒幼儿做文明顾客；吃饭时不讲话，吃完饭后自己整理好餐具和清洁桌面，并告之餐厅的营业时间——11：30关门，请顾客准时结束用餐。以上这一切都在教师所扮演的角色——餐厅服务员的微笑中伴随着美妙的音乐声进行。果然，从前那些不良的进餐现象都改善了。

问题：根据材料，分析幼儿生活常规教育的实施要求。

4. 阅读下面材料，回答问题。

欣怡是小班的一个女孩，不要看她小，她可勇敢了，而且胆子也很大，做事情和男孩子一样，摔一跤也不会哭。一天午睡时间，小朋友们都差不多睡着了，可欣怡却和边上的小朋友在玩，突然听到她边上的小朋友在喊："老师，欣怡把钱吃下去了。"老师听完后极为紧张："欣怡，你把钱吞下去了？"她点点头。"那你现在有没有哪里不舒服？"她摇摇头。"是什么样子的钱啊？"边上的小朋友马上说："是圆圆的。"欣怡和身边的小朋友指着五角硬币说："是这个。"于是老师带着她去问保健老师，保健老师问她哪里不舒服，她也摇摇头。接着又带她去咨询了医生，医生按了按她的肚子问她痛不痛，并建议说："要想办法让她把硬币拉出来，回家多吃点香蕉和大蒜。"回到学校后，我马上打电话到欣怡家里，奶奶说五角硬币是早晨从她手中拿走的。老师把医生的交代告诉了欣怡的奶奶，让她这两天多观察她的大便。过了两天，欣怡的奶奶告诉老师钱币拉出来了。

问题：试分析这次的"吞钱"事件对教师保教工作的启示。

🎯 生活指导　练习题答案

一、选择题答案

1. 【答案】A。人体中枢神经系统用来产生能量的营养素是碳水化合物分解成的葡萄糖。神经系统时刻需要血糖，低血糖时人会感到很疲倦，思路不清，甚至有可能昏迷、休克。大脑在活动时会消耗大量的糖类，而葡萄糖是由食物中的碳水化合物分解而成的。故选A。

2. 【答案】C。长跑属于周期型的动作，主要以不断循环、反复某些基本的动作技术为基础，如走步、跑步、爬行等动作。这类动作的结构较为简单，幼儿较容易学会和掌握，也比较容易形成自动化。由于幼儿的年龄小，耐力比较差，容易产生疲劳，所以对于幼儿来说，不适合进行长时间的跑步。

3. 【答案】D。幼儿园应制定合理的幼儿一日生活作息制度，最新《纲要》规定两餐间隔时间为3.5～4小时。

4. 【答案】C。呆小症往往由于缺碘而引起，坏血病是由于人体缺乏维生素C所引起的疾病，佝偻病往往是由于缺乏维生素B而引起的。

5. 【答案】B。当孩子鼻出血时，首先家长不要慌，要镇静，否则孩子以为出了大事，虽然鼻出血不痛不痒，但孩子见到出血有时也会吓得哭闹不止，又会使鼻出血加重。因此，应立即让孩子取坐位或站位，头略向前倾，千万不要躺下或仰头，并告知患儿口中有血一定要吐出，而不要咽下，以免刺激胃部，引起恶心呕吐；同时，立即用食指和拇指从鼻翼上外方的凹陷处捏住两侧鼻翼，利用鼻翼压迫鼻中隔易出血区，一般3分钟后多能经压迫止血。在指压期间也可同时做前额部及鼻部冷敷，如用冰袋或湿冷毛巾，这样可使末梢血管遇冷收缩达到止血的目的。

6. 【答案】A。扭伤多为关节处软组织受伤，患处疼痛，运动时疼痛加剧，可出现肿胀或青紫瘀血。处理时，可用冷水敷于患处，一天后再改用热敷。

7. 【答案】A。早期发现营养不良患儿最主要的措施是开展生长发育监测。

8. 【答案】A。肥胖是指儿童体内脂肪积聚过多，体重超过按身高计算的平均标准体重

20%，或者超过按年龄计算的平均标准体重加上两个标准差以上时，即为肥胖症。小儿肥胖症中绝大多数为单纯性肥胖，也称"生理性肥胖"，少数为病理性肥胖或称症状性胖。病理性肥胖多能查出原发疾病，原发疾病有内分泌性疾病、中枢神经系统疾病、脑血管病变或脑瘤、脑外伤、遗传性疾病等。单纯性肥胖查不出原发疾病，多因小儿过食、缺乏运动消耗少所致，少数有家族史，为遗传性因素所致。或因神经精神疾患，小儿有时也可能发生肥胖。因此，肥胖是一种身心疾病。故选 A。

9.【答案】C。全托的或日托寄有早晚餐的学前教育机构，其餐饮活动包括早餐、午餐、晚餐和午睡后的点心以及日常生活的饮水。饮水对于维持幼儿的身体健康有非常重要的意义，然而因为其一般在过渡环节中完成，因而往往被忽略。故选 C。

10.【答案】D。流行性脑脊髓膜炎为脑膜炎双球菌引起的急性传染病，爆发型流脑病情凶险，需紧急抢救。该病细菌存在于带菌者和病人的鼻咽部，前者为主要传染源，经飞沫传播。好发于冬春季。任何年龄都可发生，一般 15 岁以下发病率高。预防此病要按照计划免疫要求接种流行性脑脊髓膜炎菌苗，室内经常开窗通风，保持空气清新。在冬春季尽量要少组织小儿去人多的公共场所。故选 D。

11.【答案】A。幼儿在 5 岁以后，白天或者夜晚仍不能主动控制排尿，经常夜间尿床，白天尿裤，称"遗尿症"。引起遗尿的原因较多，主要有以下几种：心理因素，主要指精神方面受到创伤，如突然受惊、大病一场、对生活环境的改变不能适应等；训练不当，排尿过程的自主控制，既需要大脑发育成熟到一定的程度，也需要学习和训练。一般两三岁的幼儿就可以开始自行控制排尿，如训练方法不当，儿童没有形成良好的排尿习惯，亦可发生遗尿；遗传因素，研究发现，遗尿与遗传的关系密切，约有 70%的遗尿患儿的一级亲属中有遗尿历史器质性遗尿症——因疾病所引起的遗尿症称"器质性遗尿症"，如蛲虫病、膀胱炎等，均可使儿童不能主动控制排尿。故选 A。

12.【答案】D。幼儿自 5、6 岁开始，乳牙先后脱落，逐渐换成恒牙，故选 D。

13.【答案】A。龋齿是因牙齿经常受到口腔内酸的侵袭，使牙釉质受到腐蚀而变软变色，逐渐发展为实质缺损而形成龋洞。龋齿是儿童最常见的牙病，儿童会因牙痛而影响食欲、咀嚼，进而影响消化、吸收和生长发育。有时还会引起骨髓炎、齿槽脓肿等并发症。乳牙不仅龋患率高，而且龋齿发展迅速，龋洞易空通牙髓，并发骨髓炎等疾病。龋齿是乳牙过早缺失的主要原因。乳牙早失，可使恒牙萌出异常。故选 A。

14.【答案】D。儿童每天摄入脂肪应占总热能的 25%~30%。

15.【答案】C。异物进入气管、支气管或其深部时，可以引起患儿呛咳、面部青紫、呼吸困难。

16.【答案】A。老师的正确做法是让幼儿立即离座去喝水。

17.【答案】A。幼儿的眼睛的特点包括：①5 岁前可有生理性远视，这是由于幼儿眼球前后距离较短，物体成像于视网膜后，而随眼球发育，前后距离拉长，5 岁左右就可成为正常视力。②晶状体弹性好，调节范围广。③可能有倒视，视网膜的倒像要由大脑调节变为正视像，但大脑发育未完善，因此可能出现"倒视"。A 项中晶状体富有弹性是正确的，C 项中治疗弱视的最佳时机现在是尚无定论，D 项中斜视无法矫正是错误的，据统计，40%~60%儿童因斜视、屈光参差治疗不及时而发展成弱视。斜视是可以矫正的。

18.【答案】D。幼儿的关节韧带松，如用力过猛，则可能造成关节面脱离原来的位置，局部疼痛，活动受限。处理幼儿脱臼，要尽可能保持原状，迅速送往医院，千万不可自己贸然帮孩子把关节复位，以免造成不必要的伤害。

19. 【答案】B。4～7岁的幼儿每分钟要呼吸次数的平均值在22次左右。
20. 【答案】D。小儿发生腹泻后容易发生水、电解质和营养物质的丢失造成脱水。

二、简述题答案

1. 【答案要点】

《幼儿园工作规程》指出：幼儿园一日活动的组织应动静交替，注重幼儿的实践活动，保证幼儿愉快地、有益地自由活动。

首先，动静交替原则表现在一日活动的安排中。在组织活动的过程中，要注意幼儿活动步调的节奏，避免单调和疲劳。如有的幼儿园日程的安排多而零碎，幼儿常跟着教师匆匆忙忙地去做每一件事，而没有机会仔细去品味各种经验，这种长期匆忙所带来的压力会对幼儿的身心发展造成一定的不良影响。为避免这种情况，在大的环节转换后，应该容许有一些机会来满足幼儿的个别需要。如较安静、不爱社交的幼儿在集体活动后，需要有个能独处、静息的空间；对于活泼好动的幼儿，当集体活动静坐的时间已超过其耐心的极限时，就需要让他有机会动一动。

其次，动静交替原则也表现在某一个教育活动中。如为了使一些费时较多、操作性较强的教育活动顺利进行，我们采取切段的方式，即教师可根据教学内容切段，让幼儿休息片刻以调适情绪。这样既能顺利完成教学内容，又能使幼儿及时展现自己的学习成果并感受学习快乐。特别是在操作类活动中，以切段方式体现动静交替的安排，还有利于照顾个别差异，速度慢者可利用段与段间的小憩完成任务，既能消除幼儿间的明显差异，也能使每个幼儿都体验到成功的快乐。

2. 【答案要点】

（1）根据卫生部门的要求和幼儿园的安排，制订工作计划，健全保健制度，并督促检查执行，发动和依靠全园人员做好保健工作。

（2）按时完成各项预防接种工作，定期测量儿童身高、体重，做好各项体格检查。

（3）督促保教人员搞好班级保健卫生工作，发动全体保教人员做好经常性清洁消毒，搞好环境卫生，定期组织检查，做好记录和分析。

（4）负责做好晨间检查，督促保教人员组织幼儿户外锻炼，并注重对幼儿的全天观察，发现问题及时处理并做好记录。

（5）定期与炊事人员共同研究儿童伙食管理，制定每周食谱，保证为儿童提供合理的营养，负责每日的食物质量验收。

（6）做好传染病的管理工作，如有发生及时上报，并及时采取有效措施，严格控制传染病的蔓延流行。

（7）建立完整的保健统计资料。

（8）采取多种形式向园内人员、儿童及家长进行保健卫生科普宣传。

3. 【答案要点】

预防幼儿发育迟缓需要做到以下几点：

（1）合理营养，全面均衡饮食，培养良好的饮食习惯，促进食欲。

(2) 若因全身疾病引起的矮小，则应积极治疗原发疾病。

(3) 因家族性矮小和体质性生长发育迟缓的，可通过各种调养，充分发挥生长潜力，可酌情使用生长激素。

(4) 改善生活环境，使儿童得到精神上的安慰和生活上的照顾。

(5) 对于先天性遗传、代谢性疾病，应根据情况进行特殊治疗。

4. 【答案要点】

(1) 懂得进餐时情绪愉快对身体健康有益，能安静、愉快地进餐，乐意自己吃饭。

(2) 知道进餐前要洗干净双手。

(3) 正确使用餐具，学习掌握吃多种食物的技能，逐步做到独立进餐。

(4) 了解各种食物的营养知识，根据需要适量进食，知道均衡膳食对身体有益；爱吃各种食物，不挑食，不偏食，吃饱吃好。

(5) 养成良好的进餐习惯。做到细嚼慢咽，吃饭不发出较大声音，不掉饭菜，保持桌面、地面干净。

(6) 餐后有序整理餐具，收拾食物残渣，做到餐后擦嘴、洗手以及漱口。

5. 【答案要点】

(1) 幼儿园对学前儿童一日生活进行规范的组织和安排，对各环节的生活提出规定和要求，使学前儿童的生活规律化、程序化这样，儿童就会顺应日常生活的规律，养成良好的生活习惯。

(2) 生活常规教育就是为了保护和支持儿童生理活动的正常进行，进一步促进儿童的健康成长。

(3) 有利于学前儿童心理健康发展。生活常规教育不仅可以保证儿童集体生活的有序和顺畅，还可促进其心理健康发展，提高自我意识和自我控制水平。

6. 【答案要点】

(1) 幼儿卫生保健常规工作：生活制度；膳食卫生；健康检查；体格锻炼；卫生消毒；疾病预防；安全管理。

(2) 幼儿园传染病的预防：控制传染源；切断传播途径；提高幼儿抵抗力。

(3) 幼儿常见的传染病：呼吸道传染病（流行性感冒、麻疹、幼儿风疹、猩红热）；肠道传染病（细菌性痢疾、病毒性肝炎）；虫媒传染病。

(4) 幼儿的营养需要：①六大营养素包括：蛋白质（构成人体细胞的材料）、碳水化合物、脂肪（最主要的热能来源）、无机盐、维生素、水。

②幼儿膳食的配制原则是：膳食多样化；膳食搭配合理；烹调方法适宜性；讲究饮食卫生。

7. 【答案要点】

《幼儿园工作规程》明确指出，"幼儿一日活动的组织应动静交替，注重幼儿的实践活动，保证幼儿愉快地、有益地自由活动"。幼儿园的一日生活应包括入园、盥洗、如厕、进餐、睡眠、游戏、教学活动、户外活动和离园等环节。

8. 【答案要点】

(1) 幼儿生活常规教育的概念：生活常规是幼儿园为了培养幼儿良好的生活习惯和生活基本能力，确保幼儿健康成长而制定的幼儿园生活各环节的基本规则与要求。

（2）幼儿生活常规教育的主要内容：学习规律生活的基本常识，能够自觉遵守作息时间和生活制度，学习生活的基本技能，培养生活的自理能力，包括吃饭、穿衣、刷牙、洗脸、收拾玩具书本、铺床等生活技能；培养良好的生活习惯和卫生习惯，生活习惯包括讲文明、讲礼貌、不玩水、不浪费水等，卫生习惯包括饭前便后洗手、定时排便、不乱扔垃圾、爱护公共卫生等，形成规范的生活行为和卫生习惯。

（3）幼儿生活常规教育的实施要求：结合幼儿自身特点；要求具体且规范；保育和教育相结合。

9.【答案要点】

（1）培养幼儿良好生活习惯的方法：示范讲解法；动作训练法；集中训练与个别指导；随机教育法。

（2）培养幼儿良好生活习惯的途径：渗透到一日生活中进行教育；开展适宜的教育教学活动，充分发挥教育合力。

10.【答案要点】

（1）出血后的止血方法：一般止血法（小伤口）、加压包扎止血法（伤口较大）。

（2）烧伤或烫伤后的处理：清除造成烧伤、烫伤的根源；根据受伤程度及时处理创面。

（3）惊厥的处理方法：畅通呼吸道；专人守护；设法降温；辅助处理。

（4）幼儿急救步骤：①呼吸方面：打开呼吸道；检查呼吸；先给幼儿送气；找寻脉搏，继续帮助幼儿呼吸。②循环方面：心脏按压的时间；胸部按压的方法（注意姿势、压迫的速度和深度）；心脏按压和人工呼吸结合。

三、论述题答案

1.【答案要点】

著名教育家陶行知认为，"全部课程包括全部的生活，一切课程都是生活，一切生活都是课程"，由此创立了生活教育理论。陈鹤琴先生认为，"所有课程都要从人生实际生活与经验里选出来"，把幼儿园生活中的"餐点"和"静息"都纳入了幼儿园的课程内容。

幼儿园一日生活可促进幼儿身心全面发展。《纲要》明确指出："幼儿园应为幼儿提供健康、丰富的生活和活动环境，满足他们多方面发展的需要，使他们在快乐的童年生活中获得有益于身心发展的经验。"学前教育必须关注幼儿生活，只有源自幼儿生活的教育才可能真正促进幼儿的发展，幼儿才能"在生活中发展，在发展中生活"。

幼儿每天都会从各种必不可少的日常活动中潜移默化地掌握很多最基本的生活经验，锻炼独立生活的能力，发展体、智、德、美等方面的素质。幼儿园一日生活是构成幼儿日常生活的重要组成部分，尽管幼儿园一日生活可以分为各种不同类型的活动，但是这些活动本质上具有共同的属性，是一个完整的教育整体。幼儿园一日生活不仅应满足幼儿基本的生理需要，还应提供各种教育，引导幼儿发展。

"生活即教育，教育即生活。"教育的过程就是生活的过程。因此，将各项教育内容渗透于幼儿园一日生活的各种活动之中，可以使幼儿在园接受的教育真正适合幼儿身心发展的特点，有助于顺利达到教育目的。

2.【答案要点】

（1）培养良好的进餐习惯：掌握用勺吃饭的方法，不含饭、不挑食、不撒饭，吃饭时不东张西望，饭后用餐巾将嘴巴擦干净，并漱口。

（2）掌握正确的盥洗方法：知道饭前便后及户外活动后应洗手，掌握洗手的方法，并注意随手关紧水龙头，会用毛巾、手绢等将手、脸擦干净，知道正确刷牙的方法，并初步学习刷牙。

（3）培养良好的如厕习惯：在有便意时能够自己如厕，学习如何穿裤子。

（4）培养良好的睡眠习惯：能在教师的提醒或帮助下，有顺序地穿脱衣裤、鞋袜，培养将脱下的衣裤、鞋袜放在固定位置的习惯，自然、安静地入睡，并能用正确的睡眠姿势午睡。

（5）培养良好的饮水习惯：在日常生活中养成经常喝水的习惯，每日饮水不少于4杯。

（6）培养照好的个人卫生习惯能够随时保持自身的清洁与卫生。

（7）有收拾玩具的习惯。

3. 【答案要点】

首先将该幼儿送入医院进行隔离治疗，同时执行传染病上报制度，逐级上报。立即将该幼儿用过的所有物品进行彻底消毒，指导老师对该班进行终末消毒。而且要对该班进行严密的医学观察。为了保护易感人群，幼儿园工作人员在医学观察期间应做到：

（1）加强晨检工作。

（2）全园加强消毒工作。

（3）自幼儿离园之日起该班需检疫42天，过了检疫期限该班未发现新病人可解除检疫。检疫期间做到不混班、不串班、不搞集体活动、不收新生。

（4）向家长宣传预防甲肝的知识。

（5）该幼儿必在疾病痊愈后，持医院的健康证明方可入园。

4. 【答案要点】

（1）活动场所。室内地面最好采用木地板，水泥地面应铺有草垫或者地毯，或设有围栏，让幼儿有安全活动的场所。椅角、桌角、墙角以圆角为宜，以免跌伤或发生碰伤。幼儿出入的门应向外开，不宜装弹簧，应在门缝处夹橡皮垫，以免夹伤。窗户、阳台、楼梯应有栏杆，栏杆应采用直栏，高度不低于1.1米，栅间距不能超过11厘米，中间不设横向栏杆，以免幼儿攀越。活动场所应有安全通道和出入口，应有消防灭火装置和报警装置。幼儿园房舍应远离马路、江河、危险品仓库等，以免发生车祸、溺水等安全事故。水池、地下水管道、水沟的地面出口处均应加盖，以免幼儿失足落入。定期检修建筑物的设备和用具，发现问题应及时处理。

（2）生活用品，幼儿睡床应有床栏，床栏插销应安在幼儿摸不到的地方以防坠床。热水瓶、热锅、家用电器、火柴、打火机、刀、剪等应放到幼儿够不到的地方，以免发生烫伤、触电、割伤等事故。室内如安装烤火炉，应有安全设施，如烟囱、小通风窗等，同时注意烟囱接头是否漏气，并定期清扫以防堵塞而引起煤气中毒。炉旁应有围栏，暖气应加护罩，以免烫伤。室内电器插座应安装在幼儿摸不到的地方，使用拉线开关或用插座绝缘保护罩，电线应用暗线，以免幼儿接触。要经常检查电器、电线是否漏电。

（3）玩具。给幼儿选择玩具除了要考虑年龄特点，还应符合安全要求、不给幼儿体积小、锐利、有毒的玩具及物品，如珠子、扣子、棋子、别针、图钉、硬币、小刀、剪子等，以免塞入耳、鼻、口中，造成耳、鼻、气管及食管异物等意外伤害。大型玩具如滑梯、跷跷板、攀登架等，应定期检查是否牢固，有无损坏，损坏后要停止使用，及时维修，玩耍时要有成人在旁照顾或监护。易燃易爆物品不能让儿童玩耍，放鞭炮、放焰火时要防止炸伤幼儿，预防发生火灾。

（4）药物。药物的用量、用法、存放不当，以及家长、医务人员粗心大意用药是造成药物中毒的主要原因。医务人员必须合理用药，认真计算用药剂量，严格执行核对制度。剧毒药品必须按规定进行保管及使用。家长、保教人员切勿擅自给幼儿用药，用药前要认真核对药品标签、用量及服法，禁止让幼儿服用变质或标签不清的药物。家庭和幼儿园的药物应妥善存放，不让儿童随便拿到。

（5）食物。为防止发生食物中毒，应加强食品卫生管理，保证幼儿食用的食材新鲜无毒。有毒、腐败变质及过期的食品不能食用，食物在运输、加工、储存、烹调时应严防污染变质。

5. 【答案要点】

（1）示范讲解法。示范讲解法是常规教育中最基本的方法；对于幼儿不易理解的教育内容、不便于掌握或者需经系统练习的行为技能等，都须通过教师的示范和讲解，让幼儿进行学习和模仿，以形成良好的行为规范。示范讲解法一般可分为整体示范讲解和分解示范讲解。对于较易掌握的生活规则和技能，可采用整体示范讲解；而对于较为复杂困难的生活规则和技能，则更宜采用分解示范讲解，先让幼儿分步进行学习，然后再进行整体示范讲解，循序渐进地增加学习的难度。

（2）动作训练法。动作训练法是生活常规教育中的重要方法，也是养成教育的主要方法。幼儿生活常规教育注重将获得的知识和形成的态度转化为良好的行为习惯，教育实践中的穿脱衣服鞋袜、盥洗等生活技能的掌握都离不开动作操作与行为练习，需要家长和教师的具体指导，需要家庭和幼儿园的紧密配合，帮助幼儿将生活常规转变为自觉的行为习惯。

（3）集中训练与个别指导。在幼儿的生活常规教育中，集中训练与个别指导须结合使用。在集体生活中，生活常规是每一名幼儿都必须遵守的，否则会给集体带来不良的影响。因此，幼儿的生活常规知识和技能往往通过集中训练的方法进行传授。然而，幼儿之间也存在着个体差异，这就要求教师根据幼儿个体的实际情况加以指导，以使每位幼儿都能够掌握。

（4）随机教育法。随机教育法就是利用偶发事件进行及时、灵活的教育。幼儿年龄小，认知水平低，生活经验少，且个体差异显著，常会出现意外事件。因此，在日常生活中，需要运用随机教育法进行教育。随机教育要求教师有灵敏的反应能力，善于捕捉和利用即时出现的偶然、短暂的教育良机。在生活实践中，随机教育的内容可涉及多个方面，包括生活规则、生活常识、生活技能等，进行随机教育的方法也有多种，针对不同的事件应当运用不同的方法进行适宜的处理。

四、材料分析题答案

1. 【答案要点】

幼儿园的饮食问题也是影响幼儿安全健康的因素之一。幼儿在幼儿园的进食全权交给食堂，所以食堂卫生的优劣与否直接决定幼儿饮食的卫生质量，幼儿的用食从食堂到教室，需要经过食堂的工作人员、食堂用具、保育员等环节，这中间每一个环节都要保证不出问题。案例中的幼儿园爆发了细菌性痢疾，说明食堂是病毒主要来源，食堂的卫生是否达标是保证幼儿在幼儿园健康与否的重中之重。针对这个问题，可以有以下对策：

（1）幼儿园的食堂包括厨房必须达到卫生局的标准。

（2）食堂工作人员要有一定的卫生标准和行为规范。

（3）幼儿园的食物来源要保证其健康卫生。

（4）没有得到批准，非食堂工作人员绝对不可以进入食堂。

2. 【答案要点】

（1）案例中的这位老师有基本的安全教育意识，却由于没能运用正确的安全教育策略而导致一节课发生两次意外事件。

（2）幼儿年龄小，好奇心强，对于一切新鲜事物都乐于去尝试，可是却缺乏正确的判断能力，有的家长或教师喜欢用禁止式的方法，例如，本案例中的教师就告诉幼儿"不能剪到小手，小手剪破会流血。也不能剪到衣服，衣服也会被剪破的"，生活中也有很多这样的示例，如告诉幼儿"不要把手指插入电插座的孔内""不用绳索套在颈项上"等。但对于幼儿来说，禁止是一种消极的做法，很可能带来不良的效果，即幼儿原来并没想到要做的事，经成年人一提起，反而刺激了他们的好奇心，想尝试一下，结果弄巧成拙。

（3）幼儿园和家庭对幼儿进行安全教育时，可以采取以下策略：①家庭和幼儿园共同为幼儿营造安全的环境，及时消除一些不安全的隐患。②帮助幼儿形成良好的生活卫生习惯，在潜移默化中提高幼儿的自我保护能力。③坚持正面引导和多种形式相结合的教育策略。

3. 【答案要点】

该教师的做法是十分值得称赞的。同样是进餐这样一个生活情景，由于教师改变了方法，又将规则融进了游戏中，效果就变得完全不同。可见，根据幼儿的年龄特点选择教育方法是至关重要的，幼儿生活常规教育的实施要求有：

（1）结合幼儿自身特点。幼儿生活常规教育应针对不同年龄阶段、不同特点的幼儿制定相应的具体要求。

（2）要求具体且规范。幼儿园应从实际出发，根据幼儿园的具体条件和年龄班的特点制定具体而规范的生活常规。

（3）保育和教育相结合。幼儿园生活常规的要求需要保育和教育同时进行，幼儿年龄越小，越需要通过保育的手段使幼儿养成良好的生活习惯，并在一日生活的每个环节对幼儿进行教育。

4. 【答案要点】

孩子发生意外事故，这是作为家长、幼儿园、教师最不愿意看到的。然而，有时这也是无法避免的，因为孩子尚处在幼儿期，身体机能发展不完善，安全及自我保护意识不强，面对突发状况不知如何应对和防范，因而易受到伤害。同时，这一现象有时又是可以预防，甚至是可以避免的。上述案例中，如果孩子的奶奶不给她硬币玩，那么吞硬币的事情也就不会发生了。幼儿教师在平时的保育与教育工作中，也应注意以下几点：

第一，教师要与家长做好沟通，协助幼儿园做好幼儿的安全工作，请家长不要让孩子口袋中揣异物。离园时，教师要向家长告知相关情况，以便家长加强观察及提醒。

第二，教师在日常生活中，要加强幼儿的安全意识培养，例如，用一些事例、故事，让幼儿讨论如何避免危险，让幼儿知道在饮食中，要坐定吃、不奔跑、吃完后再玩。

第三，教师要掌握一些幼儿急症的处理方法，如遇到幼儿气道阻塞，可使用背部敲击法、腹部推压法第一时间进行急救处理，以减少对幼儿的伤害。

模块四　环境设计　练习题

一、选择题（每题只有一个正确答案，错选、多选或未选均无分）

1. 关于幼儿游戏活动区的布置，正确的说法是（　　）。
   A. 以阅读为主的图书区可与娃娃家放在一起
   B. 自选游戏环境的创设是由教师进行的
   C. 可在积木区提供一些人偶、小动物、交通工具模型等辅助材料
   D. 娃娃家应该是完全敞开式的，让每个人都能看到里面有什么

2. 幼儿园环境分为物质环境和（　　）。
   A. 社会环境
   B. 精神环境
   C. 城市环境
   D. 局部环境

3. 社区教育活动一般在（　　）的基层社会中进行。
   A. 县
   B. 街道
   C. 市
   D. 区

4. 下列有关幼小衔接的说法正确的是（　　）。
   A. 幼儿入学适应困难是因为幼儿园教育过于游戏化
   B. 幼小衔接完全是幼儿园的责任
   C. 幼儿园的幼小衔接工作不仅仅在大班，小中班也应该开展
   D. 幼小衔接主要是教幼儿拼音、认字等内容

5. 不属于健康领域教学活动的环境创设内容的一项是（　　）。
   A. 有关身体生长的教学活动的环境创设
   B. 有关师生关系的教学活动的环境创设
   C. 有关安全的教学活动的环境创设
   D. 有关日常健康行为的教学活动的环境创设

6. 幼儿园环境与外界环境相比具有可控性，即幼儿园内环境的构成处于（　　）的控制之下。
   A. 教育者

B. 家长
C. 园长
D. 社会

7. 家庭访问中的入园（所）后家访分为（　　）。
   A. 常规性家访和交流家访
   B. 常规性家访和重点家访
   C. 普通家访和重点家访
   D. 交流家访和普通家访

8. 不属于科学领域教学活动的环境创设内容的一项是（　　）。
   A. 有关制作风筝的教学活动的环境创设
   B. 有关保护地球的教学活动的环境创设
   C. 有种植的教学活动的环境创设
   D. 有关认识平面图形的教学活动的环境创设

9. 对生病儿童进行家访是什么性质的家访？（　　）
   A. 新生家访
   B. 情感性家访
   C. 定期家访
   D. 问题儿童重点家访

10. 不属于幼儿园精神环境的营造应遵循原则的是（　　）。
    A. 多支持原则
    B. 多肯定原则
    C. 多尊重原则
    D. 多活动原则

11. 幼儿园的环境创设主要是指（　　）。
    A. 购买大型玩具
    B. 安装塑胶地板
    C. 合格的物质条件和良好的精神环境
    D. 选择较清静的场所

12. 俗话说："近朱者赤，近墨者黑"，说明这是（　　）对儿童的影响。
    A. 物质环境
    B. 精神环境
    C. 艺术环境
    D. 自然环境

13. 在幼儿园环境创设中，要把大小环境有机结合在一起，实现学校与家庭、社区的合作，这体现了（　　）原则。

   A. 经济性

   B. 参与性

   C. 开放性

   D. 多样性

14. 下列不属于幼儿园活动室布置原则的是（　　）。

   A. 教育性原则

   B. 主体性原则

   C. 创造性原则

   D. 色彩性原则

15. 作为幼儿教师，最基本、最重要的任务是（　　）。

   A. 确保幼儿安全

   B. 促进幼儿身体健康发展

   C. 促进幼儿智力发展

   D. 促进幼儿与周围环境的相互作用

16. 在具备了基本的物质条件后，对学前教育起决定作用的是（　　）。

   A. 社会环境

   B. 学校制度

   C. 物质条件

   D. 精神环境

17. "人之初，性本善，性相近，习相远。"这句话表达的观点是（　　）。

   A. 父母决定论

   B. 教师决定论

   C. 环境决定论

   D. 遗传决定论

18. 我国的（　　）中明确规定，"幼儿园应主动与幼儿家庭配合……共同担负教育幼儿的任务"。

   A. 《幼儿园教育指导纲要（试行）》

   B. 《幼儿园管理条例》

   C. 《幼儿园工作规程》

   D. 《幼儿园暂行教学纲要》

19. 特别适用于与不易见面的家长联系的书面联系形式是（　　）。

A. 宣传板
B. 家园联系簿
C. 家长园地
D. 问卷调查表

20. 社区的自然环境和人文环境在幼儿的成长中有着特殊的意义，能增强其爱国的情感，以及对周围环境的了解等。因此，幼儿园应充分发挥（   ）。
A. 社区文化的教育性
B. 社区环境的教育性
C. 社区资源的文化性
D. 社区环境的文化性

二、简述题

1. 简述幼儿园环境创设的原则。
2. 简述幼儿园教育与小学教育的主要区别。
3. 教师如何与家长沟通？
4. 简述幼儿教育与家庭的关系。
5. 简述幼小衔接工作的主要内容。
6. 简述家庭教育的特点。
7. 试述如何创造良好的育儿环境。
8. 简述家庭在幼儿发展中的作用。
9. 幼儿园环境的概念。
10. 幼儿园环境创设的意义。

三、论述题

1. 幼儿园为什么要为幼儿入小学做准备？应做哪些准备？
2. 结合实际谈谈目前家园合作中存在的误区。
3. 物质环境与精神环境对学前儿童会产生怎样的影响？为什么？
4. 试述如何达成良好的师生关系？
5. 试述教师在幼儿园环境创设中的作用。

四、材料分析题

1. 阅读下面材料，回答问题。

星期一，A老师埋怨地说："孩子在家过了一个双休日，再回到幼儿园后，许多良好的行为习惯就退步了，不认真吃饭，乱扔东西，活动时喜欢说话。真不知孩子在家时，家长是怎么教育的！"站在一旁的B老师颇有同感地说："是啊，如果家长都能按我们的要求去教育孩子，我们的工作就好做多了！"A老师接着说："可这些家长不按我们的要求去做倒也罢了，还经常给我们提这样那样的意见，好像我们当老师的还不如他们懂得多，真拿这些家长没有办法……"请你运用幼儿园与家庭相互配合的有关理论，分析和评论A、B老师的教育观点,并具体谈谈家园合作对幼儿发展的重要意义与目前存在的误区。

2. 阅读下面材料,回答问题。

幼儿园大一班开展识字比赛,教师为此创设了班级墙面环境。

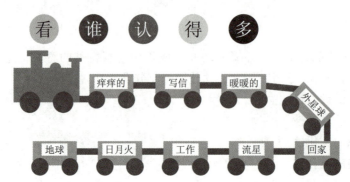

问题:请根据创设环境基本原则,对材料中的识字比赛创设环境进行解析?

3. 阅读下面材料,回答问题。

"女儿上幼儿园1个月了,这几天上幼儿园之前总是哭,感觉好像特别害怕幼儿园。老师说,女儿在幼儿园表现还可以,可以和小朋友一起玩,早上在幼儿园哭一会儿就好了。可是孩子回家之后稍有不顺心,就哭个没完,脾气也变得越来越坏。"苗苗的妈妈问老师,女儿这样实在让人伤脑筋,她是不是在幼儿园受了什么委屈,或者心理有了阴影?

问题:根据上述材料,如果你是苗苗的老师,你该怎么跟家长沟通?

4. 阅读下面材料,回答问题。

晨间活动的时候,有一个幼儿(5岁半)突然提出一个问题:"为什么蚕蛾这么久了还不出来呢?"经她一说,其余的幼儿也表现得很有兴趣,便纷纷议论起来。另一个幼儿说:"已经过了很多日子了,为什么蚕蛾还不出来?"原来教室的自然角养了蚕,幼儿目睹了蚕吐丝结茧的过程,教师曾说过大约过两星期,蚕蛾便会咬破蚕茧走出来。他们在日历上把预定的日期画上记号,但预定的日期已经过了一星期,仍看不到蚕茧有什么变化。其中一个幼儿问教师:"老师,你是不是说错了?"

问题:如果你是那位老师,当幼儿对你说的话提出疑问时,你会怎样去处理?请用精神环境中因人施教的原理去分析。

⑪ 环境设计 练习题答案

一、选择题答案

1.【答案】C。幼儿游戏活动区的布置,可在积木区提供一些人偶、小动物、交通工具模型等辅助材料。

2.【答案】B。幼儿园环境分为物质环境和精神环境。

3.【答案】B。我国主要以街道为社区教育基地。故选B。

4.【答案】C。中小班更多的是行为习惯的培养。

5.【答案】B。解析:有关身体生长的教学活动的环境创设、有关安全的教学活动的环境创设、有关日常健康行为的教学活动的环境创设,都属于健康领域的教育环境创设,而师生关系教学活动环境的创设属于社会教育内容。

6.【答案】A。幼儿园环境具有可控性表现在两个方面：一方面社会上的精神、文化产品，各种儿童用品等在进入幼儿园时，教师必须经过精心的筛选甄别，取其精华，去其糟粕，以有利于幼儿发展为选择标准；另一方面，教师根据教育的要求及幼儿的特点，有效地调控环境中的要素，维护环境的动态平衡，使之始终保持在最适合幼儿发展的状态。故选 A。

7.【答案】B。家庭访问中的入园（所）后家访为常规性家访和重点家访。故选 B。

8.【答案】A。有关保护地球的教学活动的环境创设、有种植的教学活动的环境创设、有关认识平面图形的教学活动的环境创设。都属于科学领域教学内容，其中平面图形教学活动的环境创设属于科学领域的数学学科内容。而制作风筝是美工活动，属于艺术领域范畴。

9.【答案】B。家庭访问是家园联系常用的一种重要方式。教师上门了解幼儿生病情况，属于情感性家访。故选 B。

10.【答案】D。幼儿园精神环境的营造应遵循 10 个原则：（1）多关注原则。（2）多尊重原则。（3）多接纳原则。（4）多肯定原则。（5）多信任原则。（6）多赏识原则。（7）多支持原则。（8）多互动原则。（9）多自由原则。（10）多自主原则。D 选项不在此列。

11.【答案】C。幼儿园环境创设主要是指教育者根据幼儿园教育的要求和幼儿身心发展的规律、需要，充分挖掘和利用幼儿生活环境中的教育因素，并创设幼儿与环境积极相互作用活动情景，把环境因素转化为教育因素，促进幼儿身心主动发展的过程，包括物质条件和精神环境。

12.【答案】B。俗话说："近朱者赤，近墨者黑"，说明了精神环境对儿童的影响。

13.【答案】C。幼儿园将自身环境与外界的家庭、社区等环境结合在一起，而不是将自己封闭在园内的小环境中，这体现了其对外开放的特点，坚持了开放性原则。故选 C。

14.【答案】D。幼儿园活动室的布置要遵循教育性原则、主体性原则、创造性原则、美观、经济的原则。

15.【答案】D。幼儿的发展要靠个体因素与环境之间的互相作用，这就要求幼儿教师能够促进幼儿与环境的相互作用，将其作为最基本的任务。故选 D。

16.【答案】D。在具备了基本的物质条件后，对幼儿园教育起决定作用的是精神环境。

17.【答案】C。题干所述的意思是人在刚出生时，本性都是善良的，性情也很相近，但随着各自生存环境的变化和影响，每个人的性情就产生了差异。

18.【答案】C。《幼儿园工作规程》中明确规定"幼儿园应主动与幼儿家庭配合，……共同担负教育幼儿的任务"。

19.【答案】B。幼儿园和不易见面的家长联系，需要通过一个中介来实现。联系手册就是记录幼儿在家庭和幼儿园活动情况的中介方式。

20.【答案】B。幼儿园将教育扩展到社区的大背景下进行，充分利用社会环境中富有教育意义的自然和人文景观、革命历史文物、遗迹等，不仅可以扩大教育的空间，还丰富和深化了教育内容。这种做法发挥了社区环境的教育性。

二、简述题答案

1.【答案要点】

环境与教育目标一致的原则、发展适宜性原则、幼儿参与的原则、开放性原则和经济性原则。

2. 【答案要点】
（1）主导活动方面。
（2）作息制度及生活管理方面。
（3）师生关系方面。
（4）环境设备的选择与布置。
（5）社会及成人对幼儿的要求和期望。

3. 【答案要点】
与家长沟通应讲究谈话的技巧和交往的艺术，一般应做到以下几点：
（1）教师在与家长谈话时切忌使用专业术语。采用日常使用的普通语言与家长交谈，家长听得懂。
（2）要用平等的身份与家长交谈。教师切勿以专家自居，采取居高临下的态度教训家长，不要发号施令似的总是说"必须""应该"怎样，更不能责怪家长，要尊重家长，多倾听家长的话。
（3）交谈时不要谈及别的幼儿。与家长不要谈论别的幼儿，也不要随意和别的幼儿做比较，说长道短。
（4）谈幼儿缺点的时候要注意方式方法。对幼儿的评价一定要客观、全面，既要肯定幼儿的优点和进步，也要真诚地指出不足之处。在谈幼儿缺点的时候，要根据情况区别对待。
（5）如果幼儿在场，教师要注意双方谈话的内容，以免影响幼儿的自尊心以及家长的威信。

4. 【答案要点】
（1）家庭是幼儿成长最自然的生态环境。家庭是社会最基本的单元，也是幼儿成长最自然的生态环境，担负着养育幼儿的重大责任。对于幼儿来说，与父母共同生活是最重要的需要。
（2）家庭是幼儿的第一所学校。父母对孩子的态度给幼儿以后对社会的态度奠定了基础。在个性、社会性、智力发展和文化特征方面，父母是孩子的第一个也是最重要的环境影响因素。每个幼儿都从自己的家庭生活中获得不同于他人的经验、形成自己的行为习惯、发展待人处事的能力以及语言等。这一切在幼儿入园后，仍然极大地影响和制约着幼儿园教育，幼儿园教育只能在幼儿原有的基础上展开，否则教育效果不佳。
（3）家长是幼儿重要的教育力量。家长与幼儿天然的联系使家长具有别人难以替代的优势，一旦家长与教师为着一个共同的目的携起手来，教育效果就将倍增。家长作为重要的教育力量表现在：家长的参与极有利于幼儿的发展；家长是教师最好的合作者；家长的配合有利于教育教学活动的顺利实施；家长本身是幼儿园宝贵的教育资源。

5. 【答案要点】
幼小衔接工作的主要内容有：
（1）进行幼儿园与小学教育的双向改革。
（2）转变观念，提高教师素质。
（3）结合地区特点及幼儿身心发展的个别特点进行幼小衔接工作。

（4）加强家庭、幼儿园、学校、社区力量的相互配合。

6. 【答案要点】

家庭教育具有以下特点：

（1）家庭教育的率先性。

（2）家庭交往的密切性。

（3）家庭教育内容的丰富性和生活性。

（4）家庭对受教育者的控制方式具有多样性。

（5）家庭教育的终身性。

（6）父母对子女影响的深刻性。

7. 【答案要点】

良好的家庭育儿环境包括以下几个方面：

（1）和谐的生活氛围。包括：①家庭成员互敬、互爱、坦诚、和蔼；②文明行为、文明语言；③生活内容丰富、高尚、多彩。

（2）整洁优美、时有变化的环境布置。

（3）安全的、无危险隐患的环境。

（4）属于儿童的天地。

8. 【答案要点】

（1）家庭生育决定幼儿的生理基础。

（2）家庭环境影响幼儿的发展：①家庭的物质环境决定幼儿的生活和学习条件；②家庭的精神环境对幼儿的发展有着重要影响。

（3）家庭教育是幼儿健康发展的基础，相比较于其他教育形式，家庭教育具有不可代替的优越性，主要表现在以下方面：①强烈的感染性；②特殊的渗透性；③鲜明的针对性；④天然的连续性；⑤特殊的继承性。

9. 【答案要点】

广义的幼儿园环境是指幼儿园教育赖以进行的一切条件的总和，狭义的幼儿园环境是指幼儿园内影响幼儿身心发展的一切外部条件，它包括物质环境和精神环境。

10. 【答案要点】

提供发展保障；促进身心健康；激发创新潜能。

三、论述题答案

1. 【答案要点】

（1）儿童从幼儿园到小学，身心发展会发生变化。学前儿童身心发展是一个不断矛盾统一、变化发展的过程。

幼儿园和小学的学习阶段会发生变化：虽然同属于基础教育，但这两个阶段在教育任务、内容、形式、方法、作息制度及常规管理等方面都存在较大差异，儿童从幼儿园到小学需要一个渐进的过程、过渡适应的过程。学前教育和小学教育是相邻的两个教育阶段，衔接工作做得如何，直接影响儿童入学后的适应和今后的健康成长和可持续发展。

幼儿园和小学的心理发展会发生变化：儿童在认知、情绪情感、社会行为等方面都会出现较大的变化，所以就需要一个过渡。因此，幼儿园应该为幼儿入学做准备，以实现幼小衔接的平衡过渡。

（2）加强儿童入小学适应所具备的素质培养，培养幼儿的主动性、独立性、发展人际交往能力、规则意识和任务意识、发展动作等。培养幼儿的主动性。增强幼儿的自信心，对周围的人和事物态度积极，激发幼儿对活动参与的欲望和兴趣，给他们提供自己选择、自己计划、自己决定的机会和条件，鼓励他们去探索尝试，获得成功的体验。培养幼儿的独立性。整理好自己的学习用具和生活用品、自己穿脱衣服、按时喝水、独自上厕所等。发展人际交往能力。培养幼儿在新的人际环境中，可以主动与同伴交往，友好相处。培养幼儿的规则意识和任务意识。在大班阶段，可以开展规则游戏活动或其他活动，让幼儿知道生活、学习、游戏都是有规则的，如果不遵守这样的规则会有什么后果，有意识地发展他们的自我控制能力，缩短入学后适应小学规则的时间。发展动作，增强体质。小学的学习活动较之游戏互动显得枯燥，儿童入学后脑力活动增多，书写任务较多，学习压力增大。因此，儿童应具有健康的身体、强壮的体魄、抵抗疾病的能力、较强的手眼协调能力和运动能力。

做好儿童入学前的准备工作，缩小与小学差异程度的工作，如调整每日的作息制度，改变活动时环境的布置。开展适应小学的教育活动，进行进入小学适应性方面的教育，带领儿童参观小学，开展联谊活动。举行隆重的毕业典礼。

2. 【答案要点】

目前，家园合作存在着一些误区，造成了教师与家长的教育观念、方法的脱节，直接影响到幼儿园的正常教育工作。主要误区有：

（1）认为教师是专业教育工作者，而家长大部分不懂教育。

（2）家长认为自己忙，没有时间参与幼儿园教育工作。

（3）教师只在知识上要求家长配合，家长也只愿意督促孩子写字、做算术题、背英语单词。

（4）认为家长与老师"各司其职"，在家归家长管，在幼儿园归老师管。

3. 【答案要点】

（1）物质环境是幼儿生存的物质基础。幼儿作为一个生物体，首先必须与外界进行物质的交换。幼儿必须吃饭、喝水、吸收营养，通过新陈代谢使机体正常发育。另外，幼儿还需要拉、撒、住、行、玩等方面的物品，以维持其基本的生活。由于幼儿年幼，对物质环境的被动依赖性较强，因而需要成人主动为其提供物质保障。

（2）精神环境是幼儿心理发展的精神食粮。幼儿不仅要与外界进行物质交换，还要与环境进行信息交换。幼儿需要不断地与环境相互作用，不断地从环境中吸取有关物体特性及发展规律的信息，以及人类社会的基本生活准则。只有这样，幼儿才能形成健康的"人"的心理。为此，成年人要为孩子提供丰富、适宜的环境刺激，以利于幼儿心理的发展。

当然，幼儿的生理和心理是相互联系的。物质环境对幼儿的影响不仅限于其生理方面，精神环境对幼儿的影响也不仅限于其心理方面。物质环境和精神环境对幼儿身心两方面可以交叉发生影响。

4. 【答案要点】

达成良好师生关系的基本做法是：

（1）消除幼儿对教师的恐惧。幼儿在刚刚进入幼儿园时，对陌生的环境与陌生的人会有一种恐惧感。因此，教师要以亲切的面部表情、和蔼可亲的语气同幼儿进行交谈。而且对于新入园的幼儿要尽力帮忙让他们熟悉幼儿园。教师一方面要采取宽容的态度，另一方面还要以自己的常识满足幼儿的好奇心，因为儿童往往对于有常识的教师特别有好感。

（2）让幼儿学会如何尊重他人。中小班幼儿往往因为发展的不成熟，对于友谊的界线并不十分清楚，有些幼儿更是把和蔼可亲与软弱可欺混为一谈。面对这一情况，教师不要以硬克硬，而是要让幼儿首先分清这两个词的内在含义，而且还要让幼儿对自己的言行负起必要的责任。

（3）与儿童共同制定良好师生关系的基本原则。教师与幼儿要做到相互尊重、相互爱护、相互支持，这才是我们所希望的良好师生关系。在实现良好的师生关系方面的"主要责任者"是教师、保育员与幼儿，但也包括幼儿园中的每一个人。这些人都必须具有健全的人格、良好的身体，而且还要具有正确的"爱"的精神。只有所有的幼儿教育工作者团结起来，保教结合、协调一致，才能使儿童身心得到和谐健康的发展。

5. 【答案要点】

教师作为幼儿园环境创设中重要的人的要素，在幼儿园环境创设中起着重要的作用，主要表现在以下几个方面：

（1）准备环境。教师必须准备一个与教育相适宜的环境，这是教师的职责所在。教师在准备环境时的作用主要表现在：①让环境蕴含目标；②让幼儿感兴趣，更使其增加兴趣；③尽可能让幼儿感受到环境是由自己而不是教师决定的。

（2）控制环境。教师能够通过对环境的控制来激发、保持幼儿的活动积极性，帮助幼儿利用环境的条件来发展自己。教师控制环境大致分为几个环节：①诱导幼儿进入活动；②帮助幼儿展开活动；③指导幼儿解决纷争、困难或情绪问题；④帮助幼儿结束活动。

（3）调整环境。环境必须随着幼儿的兴趣、需要、能力的变化以及教育目标、客观条件的变化而不断变化。因此，教师必须保持高度的敏感，随时审视环境，经常调整环境，使环境处于适宜幼儿发展的最佳状态。

四、材料分析题答案

1. 【答案要点】

家园合作是指幼儿园和家庭都把自己当作促进儿童发展的主体，双方积极主动地相互了解、相互配合、相互支持，通过幼儿园与家庭的双向互动，共同促进儿童的身心发展。《幼儿园教育指导纲要（试行）》总则里提出：幼儿园应与家庭、社区密切合作，与小学衔接，综合利用各种教育资源，共同为幼儿发展创造良好的条件。在组织与实施中，又指出：家庭是幼儿园重要的合作伙伴，应本着尊重平等合作的原则争取家长的理解、支持和主动参与，并积极支持、帮助家长提高教育能力。家园合作是幼教工作的重要组成部分，对于从家庭环境进入迥然不同的集体环境的新入园幼儿来说，家园合作的意义显得尤为重要。

（1）家园合作有利于家长资源的充分利用。

（2）家园配合一致，促进幼儿健康和谐发展。

目前，家园合作还存在一些误区：一是认为教师是专业教育工作者，而家长大部分不懂教育；二是家长认为自己忙，没有时间参与幼儿园教育工作；三是教师只在知识上要求家长配合，家长也只愿意督促孩子写字、做算术题、背英语单词；四是认为家长与教师"各司其职"，在家归家长管，在幼儿园归老师管。这就造成了教师与家长的教育观念、方法的脱节,直接影响到幼儿园的正常教育工作。案例中的A、B两位教师的观点正是否认了幼儿园与家庭的紧密伙伴关系,否定了幼儿教师、家长均为幼儿的教育主体,其观点是片面的,错误的。

2.【答案要点】

该案例中为识字比赛创设的墙面环境体现了环境创设的基本原则,值得肯定和提倡。

(1)环境与教育目标一致的原则。幼儿园环境是幼儿园课程的一部分,在创设幼儿园环境时,要考虑它的教育性,应使环境创设的目标与幼儿园教育目标相一致。过去有的幼儿班级,虽然也重视环境创设,但很大程度上只是追求美观,为的是布置环境,或者只是盲目地提供材料,对环境的教育性考虑很少。而该案例当中,充分体现了环境创设与识字教育目标相一致。

(2)适宜性原则。幼儿正处在身体、智力迅速发展以及个性形成的重要时期,有多方面的发展需要。幼儿园环境创设应与幼儿身心发展的特点和发展需要相适宜。处于不同年龄阶段的幼儿,身心发展特点和需要表现出不同的年龄特征,即使同一年龄阶段的幼儿,在兴趣、能力、学习方式方面都存在很大差异。该案例中的环境创设应适应幼儿的这种差异,如:卡通小火车上有简单和复杂的字。另外,环境是幼儿喜欢的卡通小火车形象,符合幼儿的兴趣,有较强的吸引力。

(3)经济性原则。给幼儿提供物质条件时,应以物质条件对幼儿发展的功能大小和经济实用性为依据,案例当中,节钱省料实用,根据教育目标需要,就地取材,一物多用。

3.【答案要点】

入园意味着孩子离开家庭,开始集体生活,刚开始自然会有许多不适应。绝大部分的新生在幼儿园都有郁闷、焦虑、紧张等情绪出现,可是他们又不懂得如何发泄自己的不满,唯一的方式就是哭,通过哭闹来缓解内心的分离焦虑,这是一种发泄内心情绪的方式。

一般来说,新生的分离焦虑情绪会持续1~2个星期。如果教师和家长妥善处理,孩子就会比较快地适应幼儿园生活。首先,家长一定要让孩子有发泄不安情绪的途径,和孩子多谈谈幼儿园的新鲜事。其次,坚持送园,尽量不要随意打乱孩子适应幼儿园生活的规律;最后,家长要多与孩子肌肤接触,心理越安全,分离焦虑就越弱。

4.【答案要点】

(1)适宜于因人施教的精神环境,主要体现为"九多":教师对幼儿多支持、多肯定、多接纳、多表扬、多鼓励、多关注、多信任、多自由、多自主,这是形成融洽、和谐、健康精神环境的必要条件。

(2)如果老师过分看重自己的权威,当面临幼儿的质疑时,设法加以辩护,甚至对孩子表现出不好的态度,就会不利于孩子的探索,也不利于和谐精神环境的创设。

(3)研究表明,生活在温暖、支持气氛中的幼儿,容易形成积极的个性特征、良好的交往技能和学习成绩,这种精神环境也是幼儿创造性、道德、自尊心、社会行为以及使用工具的能力等方面发展的关键变量。

因此,教师要肯定幼儿的想法,在表扬他们善于观察的同时,对幼儿做出适当的引导,引导他们寻找蚕蛾还没有出来的原因,如会不会跟天气、季节有关等,以帮助幼儿学会对事物进行质疑与探究,努力找出答案。

总之，只有在这样自由、安全的心理条件下，幼儿的潜能才能得到更好的展现。

模块五　游戏活动指导　练习题

一、选择题（每题只有一个正确答案，错选、多选或未选均无分）

1. 幼儿园的"娃娃家"游戏属于（　　）。
A. 结构游戏
B. 表演游戏
C. 角色游戏
D. 智力游戏

2. 游戏是幼儿的（　　）。
A. 自发学习
B. 在教师指导下的学习
C. 自我学习
D. 有目的性的学习

3. 对幼儿园活动的正确理解是（　　）。
A. 儿童尽情地随意玩耍
B. 在安全的前提下按课程的要求活动
C. 为儿童舒展筋骨而开展活动
D. 教育过程就是活动过程，促进儿童身心健康发展

4. （　　）是幼儿游戏的基础和源泉。
A. 教师的指导
B. 家长的影响
C. 同龄人的经验
D. 幼儿的生活经验

5. 幼儿敲打桌子，在房间里跑来跑去，在椅子上摇来摇去，这类游戏属于（　　）。
A. 结构游戏
B. 象征性游戏
C. 规则游戏
D. 机能性游戏

6. 幼儿拿一根竹竿当马骑，竹竿在这个游戏中属于（　　）。
A. 表演性符号
B. 工具性符号

C. 象征性符号

D. 规则性符号

7. 幼儿以积木、沙、雪等材料为道具来模仿周围现实生活的游戏是（　　）。
   A. 表演游戏
   B. 结构游戏
   C. 角色游戏
   D. 规则游戏

8. 幼儿在结构游戏中，由独自搭建发展为能与同伴联合搭建，主要反映了游戏中幼儿（　　）。
   A. 运用材料的水平
   B. 确定游戏主题的水平
   C. 社会性发展的水平
   D. 建构形式发展的水平

9. 下列选项中，关于幼儿游戏的说法不正确的是（　　）。
   A. 游戏是幼儿最喜爱的活动，是幼儿生活的主要内容
   B. 游戏是幼儿特有的一种学习方式
   C. 游戏符合幼儿身心发展的需要
   D. 幼儿学习游戏的动力来自教师的要求

10. 幼儿结构游戏的特点不包括（　　）。
    A. 创造性
    B. 艺术性
    C. 逻辑性
    D. 操作性

11. 儿童之间绝大多数的社会性交往是在（　　）中发生的。
    A. 游戏情境
    B. 语言情境
    C. 社会情境
    D. 家庭情境

12. 儿童在游戏中主要表现在以物代物、以人代人、以假想的情景和行动方式将现实生活和自己的愿望反映出来。这是（　　）。
    A. 练习游戏
    B. 象征性游戏
    C. 规则游戏

D. 结构游戏

13. 不属于从儿童社会性的发展上对幼儿园游戏种类进行划分的一项是（　　）。
    A. 联合游戏
    B. 规则游戏
    C. 旁观游戏
    D. 独立游戏

14. 当一个 3 岁的孩子在纸上乱涂乱画的时候，教师正确的做法应该是（　　）。
    A. 提供纸张让儿童自由涂抹
    B. 问他画的是什么，告诉他要画得像
    C. 把画纸收掉，免得他浪费纸张
    D. 问他想画什么，教他怎样才能画得像

15. 以下几种游戏中，（　　）属于创造性游戏。
    A. 角色游戏
    B. 体育游戏
    C. 音乐游戏
    D. 智力游戏

16. 幼儿游戏时，教师正确的做法是（　　）。
    A. 站在旁边观望
    B. 做幼儿游戏的伙伴
    C. 抓紧时间备课
    D. 与其他老师交谈

17. （　　）儿童能根据角色的特点制定规则，并认真地遵守规则，也能互相观摩、互相评议。
    A. 大班
    B. 中班
    C. 小班
    D. 小小班

18. 一般儿童游戏的假想表现在如下 3 个方面，除了（　　）。
    A. 对游戏角色的假想
    B. 对游戏材料的假想
    C. 对游戏情景的假想
    D. 对游戏水平的假想

19. 小班幼儿角色游戏的指导重点是（　　）。
A. 通过评价丰富游戏经验
B. 如何使用游戏材料
C. 培养规则意识
D. 教师尽量不参与

20. 角色游戏的支柱是（　　）。
A. 规则
B. 方法
C. 指导
D. 想象活动

二、简述题

1. 简述幼儿游戏的主要特点。
2. 简要叙述幼儿游戏的功能。
3. 如何树立正确的游戏教育观？
4. 游戏满足了幼儿身心发展的哪些需要？
5. 影响学前儿童游戏的个体因素主要有哪些？
6. 简述幼儿游戏的概念。
7. 简述幼儿游戏的种类。
8. 简述教师对幼儿游戏的指导环节。
9. 简述不同类型游戏的指导方法。
10. 简述小班结构游戏的指导要点。

三、论述题

1. 李老师设计了一个"三只蝴蝶"的游戏活动。她选了3位幼儿扮演蝴蝶，又选了若干幼儿扮演花朵。结果，幼儿兴趣不高，表现被动，还没等游戏结束，一个幼儿就问李老师："老师，游戏完了吗？我们可以自己玩了吧？"对这种现象，请从幼儿游戏特征和游戏指导的角度进行论述。
2. 简述角色游戏活动中教师的观察要点及其目的。
3. 什么是角色游戏？请结合大班幼儿的特点谈谈教师在指导大班幼儿角色游戏时的注意事项。
4. 试述表演游戏的教育作用。

四、材料分析题

1. 阅读下面材料，回答问题。

小班幼儿在角色游戏区活动，文文在邮局里无所事事，摆弄一个称重器。在此之前，孩子们没有"邮局"这个角色游戏的经验。教师看到这种情况，拿了一个盒子走过去，对文文说："我想把这个寄到超市去（旁边有超市游戏区），你能帮我称一下吗？"文文马上接过盒子，放在称重器上，看了一下，说："100克！"教师问："多少钱？""10块钱。"教师假装付了钱，文文立刻把盒子送到了隔壁的超市。接着，有几个小朋友也学着教师的样子将一些东西寄到旁边的医院、美容院、娃娃家，邮局变得热闹起来。

问题：请分析在这个案例中，教师是如何干预幼儿游戏的。

2. 阅读下面材料，回答问题。

李老师发现大班"理发店"的顾客很少。"顾客"对理发店不感兴趣。于是李老师带幼儿到理发店参观，看理发店的设施，鼓励幼儿向理发师咨询问题，记录幼儿的问题，还拍下照片，幼儿在理发店看到顾客躺着洗头，梳理发型。回到幼儿园，李老师组织幼儿讨论"如何开好理发店"，并把照片给孩子回顾，有的幼儿反映没有躺椅，有的反映没有发型梳，李老师则启发幼儿自己用积木做躺椅，自己画发型。之后，"理发店"生意又红火起来。

问题：请分析案例中教师采用了哪些策略来支持幼儿的游戏活动。

3. 阅读下面材料，回答问题。

幼儿园只有一架秋千，幼儿都很喜欢玩。大二班在户外活动时，胆小的诺诺走到正在荡秋千的小莉面前，请小莉把秋千让给他玩。小莉没理会他。诺诺就跑过来向老师求助："老师，小莉不让我荡秋千。"

对此，不同的教师可能会采取下面不同的回应方式：

教师A：牵着诺诺的手走到小莉面前，说："你们的事情我知道了，我现在想看小莉是不是个懂得谦让的孩子。小莉你已经玩了一会儿了，现在能不能让诺诺玩一会儿？"小莉听了后，把秋千让给了诺诺。

教师B："你对小莉怎么说的呢？"诺诺："我说我想玩一会儿。"想到诺诺平时说话总是低声细气的，教师就说："是不是你说话声音太小了，她没有听清楚呢，现在去试试大声地对她说：'我真的想荡秋千，我已经等了很久了！'如果这样说还没给你，你就回来，我们再想别的方法……"

问题：请分析上述两位教师回应方式的利弊，并说明理由。

4. 阅读下面材料，回答问题：

大班幼儿在玩积木时，出现了自发探究行为，其探究过程与结果如下图所示。

图1

图2

问题：

（1）图中的幼儿在搭建中可能会遇到什么问题？
（2）在解决问题的过程中幼儿能获得哪些学习经验？
（3）该游戏中的材料有什么特点？这些特点对幼儿的学习活动有什么影响？

游戏活动指导 练习题答案

一、选择题答案

1. 【答案】C。角色游戏是幼儿通过扮演角色、运用想象、创造性地反映个人生活的一种游戏，通常都有一定的主题，如娃娃家、商店、医院等。故选 C。

2. 【答案】A。幼儿在游戏中学习呈现以下 3 个特点：学习的目标是隐含的，学习方式是潜移默化的，学习的动力来自儿童内部。所以说游戏是幼儿的自发学习。

3. 【答案】D。在幼儿园中，教育活动和游戏活动是融为一体的。

4. 【答案】D。幼儿的游戏来源于幼儿的生活，是对周围现实生活的反映。因此，幼儿的生活经验是幼儿游戏的基础和源泉，脱离幼儿的生活经验，游戏就显得空洞无物，也不能发挥其对幼儿的教育价值。

5. 【答案】D。机能游戏是指幼儿反复做某个动作或活动以示快乐和满足。这类游戏能够自然地锻炼感觉运动器官，有效地发展身心机能。

6. 【答案】C。象征性游戏是幼儿借助代替物的帮助再现不在眼前的事物和情景的活动。幼儿拿"竹竿"当"马"骑，也就是说借助"竹竿"的帮助再现了不在眼前的"马"。故选 C。

7. 【答案】B。建构游戏，又称结构游戏，是指利用各种结构材料或玩具（如积木、积塑、沙石、泥、雪、金属材料等）进行建构活动的游戏。这种游戏对幼儿手的技能训练和发展思维能力有十分积极的作用，被称为是"塑造工程师的游戏"。

8. 【答案】C。幼儿从独自游戏发展为能与其他幼儿进行合作游戏，说明其社会性有所发展。

9. 【答案】D。游戏是幼儿自发的学习而不是教师的要求。

10. 【答案】C。幼儿结构游戏是一种创造性活动、操作活动和造型艺术活动。故选 C。

11. 【答案】A。幼儿的社会活动范围小，游戏是幼儿认识世界的途径，是幼儿通过实际行动探索周围世界的一种积极活动。幼儿心理的发展，主要是在游戏活动中完成的。因此，幼儿的社会性交往大多都是在游戏情境中发生的。故选 A。

12. 【答案】B。这是对皮亚杰的认知动力说的考查。他把游戏分为 3 种，即练习游戏、象征性游戏、规则游戏。其中，题目中提到的是象征性游戏的表现。故选 B。

13. 【答案】B。从儿童社会性的发展上把儿童的社会游戏分为非游戏行为、旁观游戏、独立游戏、平行游戏、联合游戏、合作游戏 6 种。

14. 【答案】A。幼儿的涂抹实际上包含着积极的视觉形象思维，对于他们的每一次绘画活动，教师都应给他们创设一个轻松愉悦的环境，重视他们在创作中的情感体验与态度倾向。

15. 【答案】A。创造性游戏主要包括角色游戏、结构游戏和表演游戏。

16. 【答案】B。游戏活动是幼儿的主要活动，也是对幼儿进行教育的主要方法。教师应当同幼儿一起做游戏，一起扮演角色，在游戏中指导游戏，使幼儿不知不觉地接受教师的指导。

17.【答案】A。大班角色游戏的内容比较丰富，能根据角色的特点制定规则，并认真地遵守规则，也能互相观摩、互相评议。

18.【答案】D。一般儿童游戏的假想表现在对游戏角色的假想（以人代人）、对游戏材料的假想（以物代物），以及对游戏情景的假想（情景转换）。

19.【答案】B。小班幼儿角色游戏的指导重点在于如何使用游戏材料。教师根据幼儿的游戏特点和社会经验，为幼儿提供的玩具种类少，但每种玩具的数量较多，避免幼儿因相互模仿而争抢玩具，满足幼儿平行游戏的需要。

20.【答案】D。角色游戏的过程是创造想象活动的过程，想象活动是角色游戏的支柱。

二、简述题答案

1.【答案要点】

（1）游戏是幼儿自愿、自主的活动。幼儿从事游戏，是出于自己的兴趣和愿望，由于游戏形式、材料和过程符合幼儿身心发展的要求，使他们对游戏产生兴趣，主动去进行游戏，在其中去寻找快乐。

（2）幼儿游戏具有趣味性。趣味性是游戏自身固有的特征，每种游戏都含有趣味性，正是游戏的这一特征给幼儿的精神和身体带来舒适感。

（3）幼儿游戏具有虚构性。游戏是在假想的情景中反映真实的生活。

（4）幼儿游戏具有社会性。幼儿并不是天生就会做游戏，游戏不是幼儿的本能活动，只有当他们的体力和智力发展到一定水平，积累了一定的知识经验，才能去游戏。

2.【答案要点】

幼儿游戏的功能：

（1）游戏对幼儿认知发展的作用。游戏可以丰富并巩固幼儿的知识，促进幼儿智力、语言的发展。

（2）游戏对幼儿社会性发展的作用。幼儿在游戏中既有现实伙伴间的交往，也有角色间的交往，幼儿在这些交往过程中得以发展社会性。

（3）游戏对幼儿情感发展的作用。由于幼儿在游戏中总是伴随着愉悦的情感体验，在这种没有压力、轻松、安全的情感下活动，容易获得成功，这就有利于发展幼儿的成就感和自信心。同时，这种游戏有利于培养幼儿关心、同情他人的需要，等等。

（4）游戏对幼儿身体发展的作用。幼儿游戏可以保障幼儿身体的生长发育，促进身体的发展。

3.【答案要点】

树立正确的游戏教育观是十分重要的，因为不少教师和家长对游戏都有不正确的态度，他们认为游戏并不重要，只有学习、上课才是重要的。其实，儿童以游戏为生命，游戏是儿童的正当权利，是学前教育的基本活动，我们应对游戏树立正确的观念。

（1）游戏是儿童的正当权利。幼儿在生理上发育还很不成熟，他们以游戏为生命，游戏是他生活的方式、学习的方法。因而，有游戏生活的儿童才能称得上是真正的儿童，也只有在游戏生活中成长的儿童才会是身心健康的儿童。

（2）爱玩、会玩是评价幼儿发展的标准之一。由于幼儿游戏水平反映着他们的身心水平，因此，会玩的儿童总是聪明能干的、身体健壮的、善于交往合作的。在评价儿童的时候，教师应该把游戏能力也当作一项重要的指标。

（3）游戏是幼儿最自然、最有效的学习。游戏是早期教育的最佳方式。游戏恰好能够激发幼儿的兴趣，促使幼儿情绪兴奋，充分发挥幼儿积极主动性在早期教育中的作用。由于游戏为他们提供了一个轻松愉快、具有丰富刺激的、能鼓励自己学习的良好环境，使他们获得安全感、自尊和自信，获得对学习的持久热情，从而终身受益。一些家长和老师力图让幼儿提早进入读、写、算的学科学习，其结果可能适得其反。因此，游戏是促进幼儿身心全面发展的重要手段，应充分发挥它的教育作用。

4. 【答案要点】

（1）游戏满足了幼儿身体发展的需要。

（2）游戏满足了幼儿智力发展的需要。

（3）游戏满足了幼儿社会性发展的需要。

（4）游戏满足了幼儿情感发展的需要。

5. 【答案要点】

（1）性别差异。

（2）年龄差异。

（3）个性差异。

（4）健康和情绪等其他个体偶然因素的影响。

6. 【答案要点】

具体说来，游戏的含义包含几下几方面内容：游戏是幼儿最喜爱的活动，是幼儿生活的主要内容；游戏是幼儿对生长的适应，符合幼儿身心发展的特点；游戏是幼儿的自发学习。

7. 【答案要点】

（1）创造性游戏。创造性游戏是幼儿创造性地反映现实生活的一种游戏形式。创造性游戏主要包括角色游戏、结构游戏和表演游戏：①角色游戏。角色游戏是幼儿通过扮演角色，运用想象，创造性地反映个人生活印象的一种游戏，通常都有一定的主题，如娃娃家、商店、医院等，所以又称为主题角色游戏。②结构游戏。结构游戏是幼儿利用多种结构材料（如积木、积塑、金属材料、泥浆、沙土、雪等），通过想象和实际的创造行为，构造建筑物或建筑形象的游戏活动，如用积木搭桥、用沙石建城堡等。③表演游戏。表演游戏是幼儿根据故事、童话的内容，运用语言、动作、表情、扮演角色进行的游戏。

（2）规则性游戏。规则性游戏是指成人根据教学要求为发展幼儿的各种能力而编制的游戏。①智力游戏。智力游戏是根据一定的智力任务设计的，以智力活动为基础的一种有规则的游戏。②体育游戏。体育游戏是由各种基本动作所组成的一种有规则的游戏。③音乐游戏。音乐游戏是指在音乐伴奏或歌曲伴唱下，按一定规则和音乐要求进行各种动作的游戏。

8. 【答案要点】

（1）游戏的准备工作。准备工作包括充分考虑游戏所需时间、游戏地点、游戏材料和幼儿的经验准备等。

（2）游戏中的观察。教师通过对游戏的细致观察，可以了解是否需要增减游戏时间、游戏材料和游戏地点是否合适、幼儿是否具备相应的经验。

（3）教师的介入游戏。教师介入游戏的方式主要包括：①平行游戏；②合作游戏；③指导游戏。

9. 【答案要点】

（1）角色游戏的指导。不断丰富幼儿的生活经验；为幼儿提供时间、场地和玩具；鼓励幼儿按自己的意愿提出游戏主题；引导幼儿分配和扮演角色；根据幼儿的不同特点进行个别指导；教师以角色身份指导游戏；使幼儿愉快地结束游戏；根据需要，教师与幼儿共同对游戏做简要评价。

（2）结构游戏的指导。①定型材料游戏的指导。加深幼儿对物体和建筑物的印象；帮助幼儿掌握结构游戏的基本知识和技能；培养幼儿有目的地、独立地进行构造；培养幼儿爱护材料和成果的意识。②不定型材料游戏的指导。创设良好的游戏条件；加深认识并掌握玩法；建立必要的规则。

（3）表演游戏的指导。应选择幼儿容易理解又便于表演的作品；吸引幼儿参加表演游戏的准备工作；尊重幼儿的选择；教师进行适当的示范表演。

（4）规则性游戏的指导。介绍游戏及规则；观察并帮助幼儿；激发幼儿兴趣；注重个体差异。

10. 【答案要点】

要引导幼儿认识结构材料，给幼儿准备足够数量的结构元件，在游戏中指导幼儿学习结构技能，同时，要经常有意识地让幼儿说出自己结构的物体名称，建立结构游戏的简单规则，教会幼儿整理和保管玩具的简单方法。

三、论述题答案

1. 【答案要点】

本案例中，幼儿教师没有理解游戏的特点，按照自己的想法组织了这次教学游戏。在这一过程中，游戏死板、被动，没有引起幼儿对游戏的兴趣。幼儿游戏的特征包括：

（1）游戏是幼儿的自主活动，主要表现在游戏的内容、形式、进程等由幼儿自己选择，而不是由成人控制。

（2）游戏无强制性的外在目的。幼儿玩游戏的目的在于游戏活动本身，是为了好玩而游戏，除此之外，别无其他目的。

（3）游戏伴随着愉悦的情绪体验。由于在游戏中没有刻意要达到的目标，并不追求某一结果，减轻了为达到目标而产生的紧张和心理的压力，幼儿在游戏中容易取得成功。

（4）游戏活动是在假想的情景中发展的。与真实的生活活动相比，游戏总是在假想的情景中开展的，用幼儿自己的话来说，就是"假"的，是"装"的，不是真的。

教师指导幼儿游戏时要做到：

（1）尊重幼儿游戏的自主性。幼儿是独立的人，因而有着他们自己的意愿和兴趣。尊重幼儿游戏的氛围和游戏中的想象、探索、表现、创造。本案例中，幼儿说："老师，游戏完了吗？我们可以自己玩了吧？"没有尊重幼儿参与游戏的自主性。

（2）以间接指导为主。丰富幼儿的生活经验，幼儿的游戏是对幼儿生活的反映，其生活经验是幼儿游戏的基础和源泉。观察并合理参与幼儿游戏，教师对幼儿的观察不仅是为幼儿创设游戏环境、进行游戏准备的基础，而且是教师参与幼儿游戏、进行游戏指导的前提。

本案例中，教师直接指定某几个幼儿扮演蝴蝶和花朵，扼杀了幼儿参与游戏的积极性。

2. 【答案要点】

角色游戏是幼儿期最典型、最有特色的一种游戏。教师对于角色游戏的观察是多维度的，不同年龄班，角色游戏观察的要点和目的也不一样，具体表现为：

(1) 大班观察要点：游戏主题能否主动反映生活经验和人际关系，合理地按照自己的意愿计划游戏，解决问题的能力是否提高。

目的：培养儿童的独立性，鼓励儿童在游戏中的创造性。通过讲评让儿童相互学习，拓展思路，不断提高角色游戏水平。这也是角色游戏的高级水平。

(2) 中班观察要点：游戏主题是否稳定，有没有与别人交往的愿望，是否具备交往的技能，发生纠纷的情节和原因。

目的：指导儿童学会并掌握交往技能和规范，促进儿童与同伴的交往，在游戏中解决简单的问题，引导幼儿分享游戏经验。这是角色游戏的中级水平。

(3) 小班观察要点：游戏内容是否重复操作、摆弄玩具、主题单一、情节简单。

目的：注意规则意识的培养，让儿童在游戏中学会独立。这是角色游戏的初级水平。

3. 【答案要点】

角色游戏是学前儿童依据自己的兴趣和意愿，以模仿和想象，通过扮演角色，创造性地反映周围生活环境、体验、感受的一种游戏。这是幼儿园最常见的游戏，强调游戏中的自主性、主动性、创造性的发挥，对幼儿发展具有极为重要的作用。

随着对社会生活认知的不断积累，大班幼儿角色游戏经验丰富，主题新颖，内容丰富，游戏所反映的人际关系较为复杂；处于合作游戏阶段，喜欢与伙伴共同游戏；能按照自己的愿望主动选择游戏主题，并有计划地开展游戏。

4. 【答案要点】

表演游戏的教育作用：第一，表演游戏有助于培养儿童对文艺作品的兴趣，加深幼儿对文学作品的学习理解。第二，能够有效地促进幼儿的语言表达能力。第三，有助于发展儿童的想象力、创造力、表演才能。第四，有助于培养幼儿勇敢、大胆等良好的个性。第五，使幼儿受到艺术熏陶，发展幼儿的审美能力，培养幼儿的艺术气质。第六，可以很好地将科学与童话，事实与想象整合起来，具有特殊的教学潜能。

四、材料分析题答案

1. 【答案要点】

在这个案例中，教师采用的是内部干预的方法，以顾客身份参与幼儿的邮局游戏，虽然没有给幼儿直接建议他们该怎么做，但以角色行为暗示了游戏方法，提示幼儿可以如何进行游戏。对于没有多少生活经验的小班幼儿来说，教师参与游戏、通过角色行为给予游戏暗示的方法比简单的几句建议来得更有效。

2. 【答案要点】

教师指导游戏就需要介入幼儿的游戏当中去，介入的目的是引导幼儿继续游戏，促进幼儿游戏向高一级水平发展，从而提高游戏质量，促进幼儿社会性发展。在这个案例中，教师采用的是外部干预的介入方式来指导游戏，外部干预是指成人并不直接参与游戏，而是以一个外在的角色，引导说明、建议、鼓励游戏中幼儿的行为。

该案例中，李老师采用了如下策略来支持幼儿的游戏活动：

（1）及时帮助幼儿记录与总结角色游戏中的突出特点。李老师观察游戏中孩子的表现以及游戏主题及材料的使用情况。及时记录孩子在游戏中的特点，帮助幼儿把无意识的游戏变为有意识的学习过程。以不断得到重复与提高。另外，还可以让幼儿通过参观、记录、提问的方式发现问题，自己来制作躺椅、自己画发型来参与游戏。通过这些，不断地充实和深化幼儿的角色游戏。

（2）以交流体验为媒介。李老师引导幼儿自发地进行交流（幼儿向理发师咨询问题，记录幼儿的问题），积极地表达情感，相互体验，共享快乐，共解难题，进一步为幼儿提供表现和交往学习的机会。自发交流是游戏同伴间对自己游戏的交流，自发交流改变了过去交流只是教师对幼儿的自上而下的片面做法，突显了幼儿在整个游戏过程的主体地位，更有利于幼儿自主独立创造的个性和社会性人格情感的培养发展。

3. 【答案要点】

（1）本案例中主要反映了老师在处理幼儿同伴交往过程中行为的引导。两位教师的做法各有利弊。

（2）幼儿的身心特征（生理因素、情感特征）一方面制约着同伴对他们的态度和接纳程度，另一方面也决定着他们在交往中的行为方式。教师在教学活动、生活活动中，要留意幼儿身心特征对幼儿同伴交往的影响，采用有针对性的引导策略。对两位教师回应方式的利弊之处分析如下：

教师 A 的做法的可取之处：发现幼儿与同伴交往中出现问题，及时介入过程中没有强制去让孩子按照自己的意愿执行，而是用一种讲道理的方式告诉幼儿做一个懂事的孩子。不可取之处：该教师介入的方式属于主导者地位，也就是说以教师的身份介入游戏当中，干涉到了幼儿正常游戏的进行，而且让小莉离开秋千让诺诺玩的时候，并没有询问小莉的意愿，委婉中透露着一种命令式的口吻，没有给予孩子诉说自己意愿的机会。对于诺诺来说，这一次通过老师的介入满足了内心的愿望，下次遇到此类问题还是会第一时间想到找老师，欠缺自己动脑想问题、解决问题的能力，长期会养成孩子胆小、懦弱、依赖成人的处事风格。

教师 B 的做法可取之处：注意到了幼儿特点对同伴交往的影响，对交往当中弱势一方，即诺诺积极引导，帮助分析原因、提出合理建议，抓住契机培养了幼儿交往当中的主动性、勇气，更为可取。教师 B 考虑不周全之处：她对幼儿处理问题的过程关注不够，仅笼统教给方法，对后期交往过程应有更多关注、引导、鼓励。

4. 【答案要点】

（1）图中幼儿在搭建中可能遇到的问题有：缺乏合作的意识，不能进行分工协作与交流；积木频繁倒塌，只好重新再来一遍；在搭建积木的过程中，两边的积木难以达到平衡，找不到解决问题的关键。

（2）在解决问题的过程中幼儿能够获得以下经验：①有关几何体特征的学习经验。各种形状的积木就是各种形状的几何体。幼儿操作积木的过程实际上就是感知几何体特征的过程。幼儿在解决积木的匹配问题时，往往会根据自己的需要主动比较各种不同几何体的异同，从而选择最能表现建筑物特点或最符合现实比例要求的积木。②有关物体稳定支撑的学习经验。在积木游戏中，垂直堆高是幼儿早期就获得的基本的积木搭建方法，但是随着积木游戏技能的发展，幼儿开始追求堆高的高度、形式以及稳定性。于是，在解决这些问题的同时，顺其自然地进入探究物体支撑规划的过程中。这种稳定支撑的学习经验对于幼儿空间思维的发展有深远意义。③有关形状感知与理解的学习经验。积木本身就是一种低结构的材料，加之形状各异，大小不一，为幼儿提供了广阔的操作空间。幼儿在搭积木时经常会遇到这样的问题：同样的积木数量不够用了。他们通常的解决方法就是用其他形状的积木代替，于是在代替的过程中就出现了形状组合的新问题。

（3）游戏材料的特点为：体积较大，种类单一，数量丰富，功能较多。这些特点对幼儿学习活动的影响表现为：体积较大的材料，便于幼儿抓握，方便幼儿更好地观察活动材料。种类单一的材料虽然可以提升幼儿的专注能力，但也容易让幼儿丧失游戏的乐趣。数量丰富、功能较多的材料能够调动幼儿的探索精神，帮助幼儿在自主探究的过程中培养创造力和操作能力。

模块六　教育活动的组织与实施　练习题

一、选择题（每题只有一个正确答案，错选、多选或未选均无分）

1. 幼儿园对幼儿实施的教育包括（　　）。
   A. 德、智、体、美、劳诸方面
   B. 智、德、体、心诸方面
   C. 体、智、德、美诸方面
   D. 美、心、体、智诸方面

2. 下列属于幼儿园语言教育目标的是（　　）。
   A. 能认读拼音字母
   B. 能清楚地说出自己想说的事
   C. 能认读一定量的汉字
   D. 能正确书写常用汉字

3. 实施幼儿园德育最基本的途径是（　　）。
   A. 教学活动
   B. 亲子活动
   C. 阅读活动
   D. 日常生活

4. 幼儿园老师带孩子们到郊区小农场参观，让城市里的孩子看到了"真正的猪、牛和羊"，这种教学方法称为（　　）。
   A. 行动操练法
   B. 实践法
   C. 直观形象法
   D. 情感体验法

5. 幼儿园的教育活动应是（　　）引导幼儿生动、活泼、主动活动的多种形式的教育活动。

　　A. 有目的、有计划

　　B. 有目的、有规则

　　C. 有序、有计划

　　D. 有序、有规则

6. 幼儿园教学内容的综合性是指（　　）。

　　A. 主题教学不应考虑教学内容的综合性

　　B. 分科教学不应考虑教学内容的综合性

　　C. 只有综合教学才考虑教学内容的综合性

　　D. 无论采用哪种教学方式，都应考虑教学内容的综合性

7. 不属于健康领域教学活动的环境创设内容的一项是（　　）。

　　A. 有关身体生长的教学活动的环境创设

　　B. 有关师生关系的教学活动的环境创设

　　C. 有关安全的教学活动的环境创设

　　D. 有关日常健康行为的教学活动的环境创设

8. 幼儿爱听表扬，不爱听批评，所以幼儿德育要坚持（　　）。

　　A. 负面教育的原则

　　B. 全面教育的原则

　　C. 侧面教育的原则

　　D. 正面教育的原则

9. 2001 年 9 月，我国出台的《幼儿园教育指导纲要（试行）》所确定的"五领域课程"内容包括的 5 个方面是（　　）。

　　A. 体育、艺术、语言、常识、社会

　　B. 健康、语言、社会、科学、艺术

　　C. 体育、德育、艺术、科学、社会

　　D. 健康、计算、社会、科学、艺术

10. 幼儿园小班教唱新歌多采用的方法是（　　）。

　　A. 分句教唱法

　　B. 联合教唱法

　　C. 整体教唱法

　　D. 引导教唱法

11. 下列哪种教育方法适合艺术教育活动？（　　）

A. 口语法

B. 操作法

C. 感觉教育法

D. 描述法

12. 在歌唱或做韵律动作时，往往不能和其他人同时开始和结束的是（　　）。

A. 小班儿童

B. 中班儿童

C. 大班儿童

D. 各年龄班儿童

13. 以下（　　）不属于社会领域的教育内容。

A. 社会环境

B. 人际关系

C. 社会行为规范

D. 文学作品

14. 活动目标应包括（　　）3个方面。

A. 知识技能、能力、情感

B. 知识技能、能力、社会性

C. 知识技能，能力，情感、社会性

D. 知识，技能，情感、社会性

15. 早期读写教育属于（　　）教育。

A. 社会教育

B. 科学教育

C. 艺术教育

D. 语言教育

16. 对于容易灰心丧气的儿童，教师应（　　）。

A. 安慰和鼓励

B. 耐心等待他的情绪好起来

C. 抓住所有时机对其进行说服教育

D. 让他自己在一旁玩其他玩具

17. （　　）不属于幼儿社会学习的特点。

A. 随机性和无意性

B. 长期性和反复性

C. 随意性和目的性

D. 实践性和情感性

18. 以下（　　）不属于幼儿园综合教育中3个方面的综合。
A. 主题活动的综合
B. 教育手段、形式、方法的综合
C. 教育过程的综合
D. 教育内容的综合

19. （　　）是教师与全体幼儿的直接联系方式，并主要由教师选择活动的内容、手段和方法，布置相应的教育环境。
A. 小组教育活动
B. 集体教育活动
C. 自选教育活动
D. 个别教育活动

20. 幼儿健康行为的养成不是通过一次活动就能实现的，它要通过长期的巩固才能实现，这体现了幼儿园健康教育的（　　）特点。
A. 空间渗透性
B. 多元化
C. 时间延续性
D. 计划性

21. 根据讲述活动对象的特点不同，幼儿园讲述活动可分为看图讲述、实物讲述和（　　）。
A. 叙事性讲述
B. 描述性讲述
C. 情景表演讲述
D. 议论性讲述

22. 能显著提高儿童的角色承担能力和亲社会行为水平的学前教育基本方法是（　　）。
A. 角色扮演法
B. 语言法
C. 讨论法
D. 移情法

23. 适宜在秋季进行的幼儿园科学教育活动的内容是观察（　　）。
A. 雪
B. 落叶树
C. 小草
D. 雾

24. "寓教于乐"实际上就是幼儿教育（   ）的体现。
   A. 直接法
   B. 移情法
   C. 生活化方法
   D. 游戏化方法

25. 下列哪种情形是运用讨论法教学应该避免的？（   ）
   A. 让孩子想到什么就说什么
   B. 提供给孩子们充分自由的氛围
   C. 设法让孩子们感觉到轻松愉快
   D. 发现孩子说得不正确时立刻制止

26. 随音乐而进行的各种有节奏的身体动作，这属于幼儿园音乐教育中的（   ）。
   A. 歌唱活动
   B. 演奏活动
   C. 音乐欣赏活动
   D. 韵律活动

27. 在讲述活动中，幼儿要学习的讲述是一种（   ）。
   A. 对话语言
   B. 独白语言
   C. 表情语言
   D. 独自语言

28. 在指导幼儿观察绘画时，下面哪句指导语易把幼儿的观察引向观察个别事物？（   ）
   A. 图上有些什么呢？
   B. 图上的小松鼠在做什么呢？
   C. 这张图告诉我们一件什么事呢？
   D. 图上讲的是个什么故事？

二、简述题

1. 简述运动技能对幼儿身心发展的重要性。
2. 简述《幼儿园教育指导纲要（试行）》中语言教育的指导要点。
3. 简述幼儿园健康教育的总目标。
4. 简述幼儿园科学教育的总目标。
5. 简述健康教育活动的方法。
6. 简述幼儿德育的原则。
7. 简述幼儿园社会教育的意义。
8. 简述社会教育的内容与要求。

9. 简述综合教育的概念。
10. 简述活动计划应包含的内容。

三、论述题

1. 幼儿园教育活动可选择哪些教育方法和途径，选择时应注意什么？
2. 试述幼儿园健康教育的方法。
3. 试述幼儿园科学教育的总目标。
4. 试述幼儿语言教育的方法。

四、材料分析题

1. 阅读下面材料，回答问题。

科学课程教学中，大班王老师欲教会幼儿生活中常见的测量方法，就组织幼儿开展游戏"扔沙包比赛"：教师带幼儿到户外，先让幼儿扔沙包，然后引导幼儿思考："怎样才能知道沙包扔了多远？你可以用什么方法知道呢？"在教师反复的提问和要求下，幼儿举出了可以用棍子、跨步、绳子、布条等许多方法来测量。王老师很满意这种结果，认为教学目标达到了。

问题：请运用"教学活动中的师幼互动"的相关理论对王老师的教学进行评析。

2. 阅读下面材料，回答问题。

在"认识电"的科学教育活动中，教师为每组幼儿提供了一个线路板，让幼儿把两节电池的正负极连接起来，使小灯泡发亮。结果，幼儿很快获得了成功，并且操作得很熟练。

问题：分析该案例中老师的做法。

⑪ 教育活动的组织与实施 练习题答案

一、选择题答案

1. 【答案】C。幼儿园实行保育和教育相结合的原则，对幼儿实施体、智、德、美全面发展的教育。
2. 【答案】B。A、C、D 显然是小学目标。
3. 【答案】D。
4. 【答案】C。直观形象法是采用直观教具或者其他手段等，组织儿童开展观察（物体和现象）、欣赏、演示、示范和范例等活动，以达到预定的教育教学目标。故选 C。
5. 【答案】A。《幼儿园工作规程》明确指出："幼儿园的教育活动应是有目的、有计划引导幼儿生动、活泼、主动活动的多种形式的教育活动。"
6. 【答案】D。无论采用哪种教学方式，都应考虑教学内容的综合性。
7. 【答案】B。健康领域不同内容教学活动的环境创设包括：（1）有关日常健康行为的教学活动的环境创设。(2) 有关饮食营养的教学活动的环境创设。（3）有关身体生长的教学活动的环境创设。(4) 有关安全的教学活动的环境创设。（5）有关心理健康的教学活动的环境创设。(6) 有关体育锻炼的教学活动的环境创设。

8. 【答案】D。幼儿爱听表扬，不爱听批评，所以幼儿德育要坚持正面教育的原则。

9. 【答案】B。2001年9月，我国出台的《幼儿园教育指导纲要（试行）》所确定的"五领域课程"内容包括健康、语言、社会、科学、艺术。

10. 【答案】C。教唱新歌的两种方法：整体教唱法和分句教唱法，小班以整体教唱法为主，中、大班的幼儿学唱新歌时，教师可以综合运用两种方法。故选C。

11. 【答案】C。感受教育法适用于艺术教育活动，内容主要包括触觉、视觉、味觉、立体感觉等感官训练。

12. 【答案】A。在集体歌唱或做韵律动作时，3岁左右的儿童还不会相互配合，往往不能和其他人同时开始和结束。

13. 【答案】D。社会领域包括社会环境、人际关系、社会行为规范和社会文化4个方面。文学作品属于语言领域的内容。

14. 【答案】C。活动目标应包括知识技能，能力，情感、社会性等3个方面。

15. 【答案】D。语言教育可以分为普通话教育、口语交际训练、文学作品教育、早期读写教育4方面的内容。

16. 【答案】A。教师应该安慰和鼓励幼儿。

17. 【答案】C。幼儿社会学习具有随机性和无意性、长期性和反复性、实践性和情感性的特点。

18. 【答案】A。3个方面的综合是指教育内容的综合，教育手段、形式、方法的综合，教育过程的综合。

19. 【答案】B。集体教育活动是教师与全体幼儿的直接联系方式，并主要由教师选择活动的内容、手段和方法，布置相应的教育环境。

20. 【答案】C。健康行为的培养是最终目标，而幼儿健康行为的养成不是通过一次活动就能实现的，它要通过长期的巩固才能实现，这是时间延续性的一种体现。

21. 【答案】C。凭借物，即幼儿在活动中讲述的对象，决定了幼儿讲述的内容范围和指向。而从凭借物的特点上来分类，讲述活动可以分为看图讲述、实物讲述和情景表演讲述。

22. 【答案】A。角色扮演有利于培养幼儿对社会角色的认识，提高幼儿的亲社会行为水平，有利于幼儿在轻松愉快之中掌握良好的社会行为习惯。

23. 【答案】B。落叶树是秋季出现的典型现象，正适合作为幼儿科学教育活动的观察内容。

24. 【答案】D。"寓教于乐"是幼儿教育中游戏化方法的体现。

25. 【答案】D。在运用讨论法时，教师应提供给孩子一个自由宽松的氛围，鼓励孩子发表自己的看法，想到什么就说什么，即使说得不对，也不应该立即打断，因为那样会打击孩子的积极性。

26. 【答案】D。幼儿园的韵律活动是指随音乐而进行的各种有节奏的身体动作。

27. 【答案】B。讲述运用的是比较连贯的独白语言，要求语言内容比较丰富，语句结构比较完善，语言比较连贯，内容前后一致。

28. 【答案】A。在指导幼儿观察绘画时，如果想把幼儿的观察引向观察个别事物，就不应告诉幼儿图画上有什么,或者给幼儿指示性的语言,而是要让幼儿自己去观察。

二、简述题答案

1.【答案要点】

(1) 促进幼儿体格的健康发展。运动技能对于幼儿身体发展的促进作用,主要通过使幼儿身体承受适宜的生理负荷,从而使机体在形态结构和机能上得到一定的完善与提高。运动技能的形成过程对生理机能协调发展具有一定的促进作用。

(2) 促使幼儿的心理发展。主要表现在:①促进认知发展;②促进健康个性的发展。

2.【答案要点】

(1) 语言能力是在运用的过程中发展起来的,发展幼儿语言的关键是创设一个能使他们想说、敢说、喜欢说、有机会说并能得到积极应答的环境。

(2) 幼儿语言的发展与其情感、经验、思维、社会交往能力等其他方面的发展密切相关,因此,发展幼儿语言的重要途径是通过互相渗透的各领域的教育,在丰富多彩的活动中去扩展幼儿的经验,提供促进语言发展的条件。

(3) 幼儿的语言学习具有个别化的特点,教师与幼儿的个别交流、幼儿之间的自由交谈等,对幼儿语言发展具有特殊意义。

(4) 对有语言障碍的儿童要给予特别关注,要与家长和有关方面密切配合,积极地帮助他们提高语言能力。

3.【答案要点】

幼儿园健康教育的总目标是:

(1) 身体健康,在集体生活中情绪安定、愉快。

(2) 生活、卫生习惯良好,有基本的生活自理能力。

(3) 知道必要的安全保障常识,学习保护自己。

(4) 喜欢参加体育活动,动作协调、灵活。

4.【答案要点】

幼儿园科学教育的总目标是:

(1) 对周围的事物、现象感兴趣,有好奇心和求知欲。

(2) 能运用各种感官,动手动脑,探究问题。

(3) 能用适当的方式表达、交流探索的过程和结果。

(4) 能从生活和游戏中感受事物的数量关系并体验到数学的重要和有趣。

(5) 爱护动植物,关心周围环境,亲近大自然,珍惜自然资源,有初步的环保意识。

5.【答案要点】

(1) 动作与行为练习。让幼儿对已经学过的基本动作与基本技能、健康行为与生活技能等进行反复练习,从而加深理解,形成稳定的动作、行为习惯。例如,盥洗的基本顺序、衣服的穿脱与整理、持筷的方法,都必须在教师和家长的具体帮助、指导下反复练习才能真正掌握。

(2) 感知体验法。感知体验法是指导幼儿感觉器官认识、判别事物特征的方法。这种方法能加深幼儿对事物的印象,同时由于加入身体动作,更能激发幼儿的兴趣,引起幼儿的注意。

（3）口令信号法。熟练机智地运用口令是教师进行体育教学和组织体育活动不可缺少的技巧。教师的口令要洪亮、清晰、准确，语气要果断，声调要有感情。信号是指通过拍手、鼓声、音乐、呼数、哨音等声响来帮助幼儿做练习的方法。注意信号运用要及时，声音高低要适当，音乐、鼓点等连续信号的速度和节奏要根据动作和游戏情节的需要而变化。

（4）情境表演法。教师或幼儿就特定的生活情景加以表现，然后让幼儿思考分析情境中涉及的健康教育问题。比如，就"有些食品幼儿不宜吃得太多"这一实际问题进行情境表演，让幼儿分析判断，懂得日常生活中要能控制饮食才有利于健康这个道理。

6. 【答案要点】

幼儿德育的原则主要有：

（1）导向性原则。在幼儿德育时要有一定的理想性和方向性，以指导儿童向正确的方向发展。

（2）疏导原则。进行德育要循循善诱、以理服人，从提高幼儿认识入手，调动幼儿的主动性，使他们积极向上。

（3）尊重与严格要求相结合原则。教师在进行德育时既要尊重、爱护和信赖幼儿，又要对幼儿提出合理的要求并严格地监督执行。

（4）教育的一致性与连贯性原则。进行德育应当有目的、有计划地把来自各方面对儿童教育的影响加以组织、调节，使其相互配合、协调一致、前后连贯地进行，以保障儿童的品德能按教育目的的要求发展。

（5）因材施教原则。进行德育时，要从幼儿的思想认识和品德发展的实际出发，深入了解幼儿的个性和内心世界，根据每个幼儿的特点有计划地进行教育，最终使每个儿童的品德都能得到最好的发展。

7. 【答案要点】

（1）帮助幼儿学会理解尊重别人，正确认识自己。

（2）帮助幼儿学会控制自己，掌握人际关系准则，提高交往技能。

（3）帮助幼儿学会生存、学会生活、学会做人。

（4）促进幼儿独立性、自主性和应变能力的发展。

8. 【答案要点】

《幼儿园教育指导纲要（试行）》提出的社会教育的内容与要求：

（1）引导幼儿参加各种集体活动，体验与教师、同伴等共同生活的乐趣，帮助他们正确认识自己和他人，养成对他人、社会亲近、合作的态度，学习初步的人际交往技能。

（2）为每个幼儿提供表现自己长处和获得成功的机会，增强其自尊心和自信。

（3）提供自由活动的机会，支持幼儿自主地选择、计划活动，鼓励他们通过多方面的努力解决问题，不轻易放弃克服困难的尝试。

（4）在共同的生活和活动中，以多种方式引导幼儿认识、体验并理解基本的社会行为规则，学习自律和尊重他人。

（5）教育幼儿爱护玩具和其他物品，爱护公物和公共环境。

（6）与家庭、社区合作，引导幼儿了解自己的亲人以及与自己生活有关的各行各业人们的劳动，培养其对劳动者的热爱和对劳动成果的尊重。

（7）充分利用社会资源，引导幼儿实际感受祖国文化的丰富与优秀，感受家乡的变化和发展，激发幼儿爱家乡、爱祖国的情感。

（8）适当向幼儿介绍我国各民族和世界其他国家、民族的文化，使其感知人类文化的多样性和差异性，培养理解、尊重、平等的态度。

9. 【答案要点】

综合教育课程就是把教育的主体、客体、中介及家庭、社会环境等各种教育要素整合起来，以幼儿的直接经验和实际生活为基础，有机地构成一系列教育主题，以儿童身心的均衡发展为最高目的，在强化课程整体系统功能的思想指导下对幼儿实施教育。

10. 【答案要点】

活动计划应包含课题名称、活动目标、活动准备、活动过程、活动延伸等方面的内容。

三、论述题答案

1. 【答案要点】

教育方法包括口头语言法（运用口头语言指导幼儿学习的一种方法。包括讲述法、讲解法、谈话法、语言评价法）、直观教育法（教师借助于实物、教具，设计相关的教育情境，将教育内容直观地展示给幼儿，实现教育目标的一种方法。包括演示法、范例法、观察法、榜样法）、活动法（教师为幼儿创设一定的环境，提供充足的实物材料，让幼儿通过自身的实践、练习活动进行学习的方法。包括游戏法、操作法、探究法、移情训练法、练习法）。教育活动的途径有生活活动、游戏活动、教学活动、随机教育、家园合作等。

选择和使用教育方法与途径时应注意：第一，根据教育目标选择方法与途径一。第二，根据教育内容选择方法与途径。第三，根据幼儿年龄特点选择方法与途径。第四，多种方法与途径配合使用。第五，选用任何一种方法或途径时都要注意教师语言的配合。

2. 【答案要点】

幼儿园健康教育活动常用的方法有以下几种：

（1）动作与行为练习法，指让幼儿对已学过的生活技能、健康行为等进行反复练习，加深理解，形成稳定的技能和良好行为习惯的方法。

（2）讲解演示法，指教师边讲解边结合动作演示，或以实物、模型演示，具体而形象地向幼儿传授有关健康的知识和技能，提高幼儿对健康的认识水平。需要说明的是，演示的手段应多样化，尤其是运用电教手段进行直观而动态的演示，能激发幼儿的兴趣，增强幼儿对健康知识的理解。

（3）情景表演法，现场通过录像向幼儿展示生活情景，让幼儿观察和分析情景中所涉及的健康问题。由于情景表演的主题源于幼儿的现实生活，因而能激发幼儿的兴趣，较好地帮助幼儿认识生活中可能遇到的同类问题和冲突，树立正确的健康态度和行为。

（4）讨论评议法，指在幼儿参与健康教育的过程中，让他们提出问题，发表自己的意见和看法，最后得出结论，达成共识。这种方法能有效地帮助幼儿表达自己的真实想法，在讨论、评议中提高他们辨别是非的能力和对健康的认识水平。

（5）感知体验法，指让幼儿通过各种感官来认识和判别事物的特性。这种方法能有效地激发幼儿参与活动和在活动中探究的兴趣，加深他们对事物认识的印象。

3. 【答案要点】

幼儿园科学教育的总目标是：

（1）对周围的事物、现象感兴趣，有好奇心和求知欲。
（2）能运用各种感官，动手动脑，探究问题。
（3）能用适当的方式表达、交流探索的过程和结果。
（4）能从生活和游戏中感受事物的数量关系并体验到数学的重要和有趣。
（5）爱护动、植物，关心周围环境，亲近大自然，珍惜自然资源，有初步的环保意识。

4. 【答案要点】

幼儿语言教育的方法是根据幼儿语言发展的理论、幼儿学习语言的规律、幼儿语言教育的目标以及多年的幼儿语言教育实践经验归纳出来的。语言教育方法通常有：示范法、视听结合法、游戏法、表演法和练习法等。

示范法是教师通过自身规范化的语言，为幼儿提供学习语言的榜样，让幼儿始终在良好的语言环境中自然地模仿学习。有时也可以由语言发展较好的幼儿来示范。运用示范法时要注意：教师的示范语言一定要规范到位，要把握好示范的时机和力度，恰当地运用"显形示范"和"隐形示范"的手段。

视听结合法是依据"直观法"的要求提出来的。视听结合法是指教师提供材料让幼儿直接感知物体，并配合教师的语言讲解帮助幼儿学习语言。运用视听结合法要注意：教师提供给幼儿感知的物体应该是幼儿熟悉的，教师讲解的语言要通俗易懂。

游戏法是指教师运用有规则的游戏，指导幼儿学习语言的一种方法。游戏法能提高幼儿的学习兴趣，促进幼儿大脑和各种感官的积极活动。游戏法的运用有时需要配合教具（实物、图片）来进行，有时就是纯语言的游戏，如练习发音、学习反义词、练习组词和造句等。随着幼儿年龄的增长，应逐渐减少直观材料。

表演法是指在教师的指导下，幼儿学习表演文学作品以提高口语表达能力的一种方法。运用表演法要注意：必须在幼儿理解、熟悉文学作品的基础上进行表演，鼓励幼儿在表演中大胆地创作，要为全体幼儿提供参与表演的机会。

练习法是指有意识地让幼儿多次使用同一个言语因素（如语音、词汇、句子等）或训练幼儿某方面技能技巧的一种方法。在幼儿语言教育中，口头练习是大量的。运用练习法需注意：练习的方式要多样化，要求要逐步提高。

以上是几种比较常见的语言教育方法，教师在实际应用中，需要根据幼儿园具体条件、本班幼儿语言学习的特点和实际水平，选择恰当的教育方法，有针对性地进行语言教育。另外，各种教育方法还可以互相配合，交叉使用或互相补充，综合运用，以共同促进幼儿语言的发展，达到最佳的教育效果。

四、材料分析题答案

1. 【答案要点】

王老师的教学过程对于幼儿而言并不恰当。教师把本来生动有趣的游戏变成了枯燥无味的"课"，不能激发幼儿的兴趣和积极性。

师幼互动应渗透在学前儿童日常生活的各个领域，特别是在儿童的教学活动中。教师要尊重儿童、理解儿童、关注儿童，站在儿童的角度考虑问题。这一材料中，要真正体现师幼互动，教师应放手让幼儿玩扔沙包游戏，然后教师再适时提出"怎样才能知道扔得多远"的问题，可以让幼儿边玩边讨论，他们可以用自己想到的一切方法去试验。在幼儿兴致勃勃的探索中，教师适时提供标准测量工具给幼儿，帮助他们开展更深入的探索。

2. 【答案要点】

（1）幼儿园科学教育的特点告诉我们，教育内容要贴近幼儿的实际生活，教育过程要能够引导幼儿主动探究，教育活动的结果要能够使幼儿获得广泛的科学经验。

上述案例中，教师注意到了为幼儿提供操作材料，但只是要求他们按照老师设置的程序去操作，这并不符合幼儿的生活需要。因为幼儿的生活中充满了各种使用电池的玩具、文具、生活用品，如电子游戏机、电动玩具、闹钟、录音机、手电筒等，而这些物品的电池型号不同、安装方法也有差异。如果幼儿只学会熟练单一地操作实验中的线路板，对他们来说并没有什么意义。

（2）参考做法：教师可以为幼儿提供一系列常见的生活用品，让他们通过探索、尝试，在反复的拆装中学会正确地给不同物品安装不同的电池。这样，幼儿不仅可以获得操作成功后愉悦的情绪体验，产生学习科学技术的兴趣，而且对于现代科技与人们生活的关系也将理解得更深。

模块七 教育评价 练习题

一、选择题（每题只有一个正确答案，错选、多选或未选均无分）

1. 对幼儿发展状况评估的目的是（   ）。
A. 筛选、排队
B. 教师反思性成长
C. 提高保教质量
D. 了解幼儿的发展需要

2. 幼儿园教育工作评价应当（   ）。
A. 以行政人员评价为主，专家等参与评价为辅
B. 以园长自评为主，教师等参与评价为辅
C. 以教师自评为主，园长等参与评价为辅
D. 以家长评价为主，幼儿等参与评价为辅

3. 幼儿教师了解幼儿的最主要目的是（   ）。
A. 为更好地促进幼儿发展提供依据
B. 为教师专业成长提供依据
C. 为建立幼儿档案提供依据
D. 为检查评比提供依据

4. 评估幼儿发展的最佳方式是（   ）。
A. 平时观察
B. 期末测查

C. 问卷调查

D. 家长访谈

5. 教师根据幼儿的图画来评价幼儿发展的方法是（　　）。

A. 观察法

B. 作品分析法

C. 档案袋评价法

D. 实验法

6. 以下不属于作品抽样方法的是（　　）。

A. 来源抽样

B. 分层抽样

C. 单元抽样

D. 日期抽样

7. 以下不属于幼儿园教育评价作用的是（　　）。

A. 促进幼儿园园长的发展

B. 促进每个幼儿的发展

C. 促进教师的自我成长

D. 帮助幼儿和教师共同发展

8. 以下选项中，不是按照评价的参照体系分类的幼儿园教育评价是（　　）。

A. 相对评价和绝对评价

B. 定性评价和定量评价

C. 个体内差异评价

D. 终结性评价

9. （　　）是指除评价对象自身以外的其他人或组织对该评价对象所进行的评价。

A. 自我评价

B. 他人评价

C. 形成性评价

D. 总结性评价

10. 应答评价模式最初是由（　　）在20世纪70年代中期提出的。

A. 斯塔克

B. 泰勒

C. 斯克里文

D. 斯特弗尔比姆

11. 根据评价的范围，教育评价可分为 3 类，下列不属于这种分类方式的是（　　）。
A. 宏观评价
B. 相对评价
C. 中观评价
D. 微观评价

12. 在活动开展过程中对活动本身进行的评价属性是（　　）。
A. 诊断性评价
B. 形成性评价
C. 总结性评价
D. 绝对评价

13. 幼儿发展评价的方法不包括（　　）。
A. 作品分析法
B. 谈话法
C. 问卷调查法
D. 家长评价

14. 以书面形式提出问题，由评价对象做答而获取资料进行评价的方法属于（　　）。
A. 观察法
B. 问卷法
C. 访谈法
D. 测验法

15. 关于教育评价，下面所列举的现象中不正确的做法是（　　）。
A. 评价应以事实为准绳、为依据
B. 评价的方法应与被评价的对象相适应、相匹配
C. 评价的标准与被评价的对象可以不存在直接的、理性的联系
D. 各评价标准应是内在连贯的，并得到始终如一的执行

16. 学前教育评价注重对资料的（　　）。
A. 调查
B. 收集
C. 解释
D. 保存

17. 教师用奖励小红花的方式激励幼儿，体现了评价的（　　）。
A. 导向功能
B. 激励功能

C. 诊断功能
D. 交际功能

18. 教学开始前摸清幼儿的现有水平及个别差异，以便安排教学，属于（　　）。
A. 配置性评价
B. 诊断性评价
C. 形成性评价
D. 总结性评价

19. 以下（　　）不属于真实性评价。
A. 基于观察的评价
B. 成长记录袋评价
C. 表现性评价
D. 基于游戏的评价

20. 在一天教学工作结束后，教师写下自己的经验进行反思的方法，属于（　　）。
A. 反思日记
B. 交流讨论
C. 行动研究
D. 行动中反思

二、简述题

1. 简述幼儿教师发展评价的方法。
2. 简述幼儿园课程评价的原则。
3. 评价教师有关幼儿园社会教育内容的确定和使用需要开展哪几方面的测评工作？
4. 简述幼儿园教育评价的作用。
5. 简述活动过程的评价内容。
6. 简述幼儿园教育评价的概念。
7. 简述幼儿园教育评价的类型。
8. 简述对幼儿发展评价的方法。
9. 对幼儿园教育活动的评价应从哪几个方面着手？
10. 幼儿园教育评价的反思内容，应从哪几个方面着手？

三、论述题

1. 试述幼儿园教育评价的方法。
2. 试述运用谈话法的注意事项。
3. 试述问卷调查法的注意事项。

四、材料分析题

1. 阅读下面材料，回答问题。

以下是某幼儿园教师对幼儿绘画作品的评价:

该图线条较为流畅,能表现物象的主要部分和基本特征,反映出图示期幼儿的绘画特征。画面布局合理,马路上有车子在行驶,马路两边有房子和树木,太阳则位于马路和房子的上空,车头的位置也呈现出了车辆行驶的方向,这说明幼儿的空间概念已得以建构。画面主题明确,表现的是马路的情景,反映了幼儿的生活经验。而图中车辆造型、种类及车灯、车轮、车窗等细节的表现,则体现了幼儿细微的观察力……

问题:请结合幼儿园教育评价的相关知识,对上述案例进行评析。

2. 阅读下面材料,回答问题。

周末的下午,评选小红花的活动开始了,孩子们个个坐得端端正正,听着老师的评价:佳佳发言积极,声音洪亮,应该得小红花。还有娇娇、霖霖、亮亮……教师一下子发了很多小红花。滔滔没得到小红花,噘着小嘴站起来:"李老师,我也想要小红花!"李老师看了他一眼说:"你平时不遵守纪律,还想得小红花?"接着问大家:"你们说滔滔能得小红花吗?""不能!"大家异口同声地说。滔滔还在努力着:"老师,我现在已经不打人了!"老师不再理他,他失望了。评选活动结束了,家长们陆续来接孩子。得了小红花的孩子一个个向家长炫耀着。只见滔滔一下子扑倒在奶奶怀里痛哭起来。老师还没向奶奶解释完,奶奶似乎明白了,对孩子说:"别哭了,小红花不值钱,奶奶带你到街上买去。"说着就拉着孩子走了。李老师望着祖孙俩的背影,许多的嘱咐和劝解已经来不及了。

问题:如果你是案例中的教师,你会做怎样的反思和改进?

3. 阅读下面材料,回答问题。

一位幼儿老师在上完舞蹈课后,请孩子们打分:"这节课你给老师打几分?给自己打几分?"一个小女孩是这样打的:"我给老师打100分,给自己打95分。"老师问:"为什么给我100分?"小女孩说:"我觉得老师跳得很好,教得也很好,所以打100分。""那为什么给自己打95分呢?"小女孩指了指鞋子说:"因为我今天穿的是球鞋,有点硬,在练习单腿跪的动作时,脚面没有完全贴到地面,所以要扣掉5分。在下一次的舞蹈课上,我一定会记得穿舞蹈鞋,那样我就会拿到100分了。"

问题:请结合幼儿园教育评价的相关知识,分析材料中教师所采用的评价方法。

教育评价 练习题答案

一、选择题答案

1. 【答案】D。对幼儿发展状况评估的目的是了解幼儿的发展需要。
2. 【答案】C。幼儿园的教育工作主体是教师,不是园长。
3. 【答案】A。
4. 【答案】A。观察法是幼教工作者了解幼儿身心发展最方便、最主要、最常用、最有效的方法。要了解和评估幼儿的发展状况,应本着"实施教育,观察在前"的原则,观察的目的在于了解幼儿、正确地评估幼儿,促进幼儿身心全面和谐地发展。
5. 【答案】B。"以作品为依据,具有客观性"是作品分析法的特点之一,题干中教师对幼儿评价以"幼儿的图画"为依据,正是作品分析法特点的体现。

6.【答案】B。作品抽样有3种方法：一是来源抽样，按照作品的不同来源选择样本，这要和我们的研究目的切合，分析什么抽查什么。二是日期抽样，指选定我们要分析的具体作品后，再进一步确定分析某一段时间的作品。三是单元抽样，指选取作品的单元，可以是整本，一个段落，一篇文章，一页内容等。抽样方法不是固定的，可以将3种方法合并使用，也可以单独使用。B项，分层抽样的方法属于调查法的一种。故选B。

7.【答案】A。幼儿园教育评价的作用共有两个：①促进每个幼儿的发展。②促进教师的自我成长。D项是两个作用的结合。故选A。

8.【答案】D。根据评价的参照体系分类的幼儿园教育评价是个体内差异评价、定性评价、定量评价、相对评价、绝对评价。个体内差异评价是指把某类评价对象中的每一个个体的过去和现在相比较，或者将同一评价对象的若干侧面互相比较。如把某个幼儿学期初与学期末的动作发展测试成绩相比较，评价其进步的程度。绝对评价是以某种既定的目标为参照，目的在于判断个体是否达到这些目标，而不受被评团体的影响与约束，忽略个体状况在团体中所处的位置。绝对评价中应重视评价标准的稳定性、合理性。幼儿园实际工作中经常出现绝对评价。定性评价是用尽可能切合实际的语言、文字来描述被评对象的性质。定量评价是评价体系中包含的相应的计量体系，以数量来显示对象的性质或功能，或反映其中的数量关系。定量评价是定性评价的基础，定性评价是定量评价的出发点和结果。只有两者有机结合，才能做出公正合理的评价。故选D。

9.【答案】B。除评价对象自身以外的其他人或组织对该评价对象所进行的评价指的是他人评价。

10.【答案】A。应答评价模式最初是由斯塔克在20世纪70年代中期提出的，以后由美国学者古巴、林肯等人进一步发展完善而成。

11.【答案】B。根据评价范围，教育评价可分为宏观评价、中观评价和微观评价。

12.【答案】B。形成性评价是指在教育活动过程中，为不断了解活动进行的状况，及时对活动进行调整、提高活动质量而进行的评价。

13.【答案】D。家长评价不是幼儿发展评价的方法。

14.【答案】B。问卷法是以书面形式提出问题，由评价对象作答而获取资料进行评价的方法。

15.【答案】C。幼儿园教育评价的标准与被评价的对象要存在直接的、理性的联系。

16.【答案】C。学前教育评价注重对资料的解释。仅仅将资料搜集起来是不行的，只有对资料做出解释、分析，才是学前教育评价。

17.【答案】B。评价具有激励功能，因为评价可能会直接或间接地影响其评价对象的形象、荣誉、利益等，因而能够激发被评者的成就动机，使他们追求好的评价结果，激励他们全力以赴做好有关工作，创造更大的成就。

18.【答案】A。从教学评价的功能看有配置性评价与诊断性评价之分。配置性评价，或称准备性评价，一般在教学开始前进行，摸清学生的现有水平及个别差异，以便安排教学。

19.【答案】D。真实性评价包括3种方式：基于观察的评价、成长记录袋评价、表现性评价。

20.【答案】A。布鲁巴奇等人提出了4种反思的方法。其中，反思日记的方法为在一天教学工作结束后，要求教师写下自己的经验，并与其指导教师共同分析。

二、简述题答案

1. 【答案要点】

幼儿园教育评价实行以教师自评为主，园长以及有关管理人员、其他教师和家长采纳与评价的制度。因此，对教师发展评价可采用以下方法：

（1）自我评价。自我评价是幼儿园教师发展评价的主要方法，重在帮助教师学会反省，成长为反思型的教师。

（2）观察记录。管理者将平时与教师共同研讨、听课活动、沟通交流等环节中的所看、所听进行详细记录，了解教师发展情况，提供支持与服务，帮助教师不断发展。

（3）家长评价。家长评价也是对教师发展评价的一种手段。通过家长问卷、家长座谈等形式可以了解家长对教师工作的看法以及对教师专业能力的评价等。

2. 【答案要点】

幼儿园课程评价应有利于发挥教师、园长及课程决策人员改进课程的主动性、积极性和研究精神，这是课程评价的总原则。具体表现在以下几方面：

（1）评价应有利于改进与发展课程。

（2）评价中发挥教师的主体性。

（3）评价要有利于幼儿的发展。

3. 【答案要点】

在评价教师有关幼儿园社会教育内容的确定和使用方面的工作过程和效果方面时，有必要开展以下几个方面的测评工作：

（1）教师能依据幼儿园社会教育的目标选择教育内容，将目标具体化和细化为教育内容。

（2）基于对现实生活中的社会关系的分析，设计一些有实效性的教育内容。

（3）将社会现实中存在的与社会教育密切相关的知识体系加以整合和分解，形成与社会教育领域相匹配的分年龄的知识体系，并将上述内容细化为课堂教学的内容。

（4）侧重从幼儿身边的人和事、环境和文化入手，将幼儿的经验主动地纳入教学内容之中。

（5）坚持由近及远、由易到难、由浅入深的原则，处理好内容的广度和深度的关系。

（6）让幼儿在真实的活动中学习社会知识、积累社会经验，教师要给予幼儿相互交往的机会、良好的榜样和正确的示范。

（7）尽量减少负面性的内容的传递。

4. 【答案要点】

（1）诊断与改进作用。

（2）鉴定与选拔作用。

（3）导向与调节作用。

5. 【答案要点】

（1）评价教师的行为。

（2）评价活动中师生互动情况。

（3）评价活动的组织形式。
（4）评价活动的结构安排。

6. 【答案要点】

幼儿园教育评价是通过对幼儿园教学活动的观察及相关背景知识的了解，对教师的教育观念和教育行为、幼儿在教学活动中的表现、教学环境等方面做出科学、准确、公正的评价，并提供相应的解决问题的策略。

幼儿园教育评价的目的是使原有的教育与保育活动得到更好的改进以及取得更好的成效。

7. 【答案要点】

（1）根据评价的范围划分：宏观评价、中观评价和微观评价。
（2）根据评价的参照体系划分：绝对评价、相对评价和自身差异评价。
（3）根据评价的功能划分：诊断性评价、形成性评价和终结性评价。
（4）根据评价的主体划分：自我评价和他人评价。

8. 【答案要点】

自然观察法；情景观察法；谈话法；问卷调查法。

9. 【答案要点】

（1）对活动目标的评价。
（2）对活动内容的评价。
（3）对活动方法的评价。
（4）对教育活动过程的评价。
（5）对活动环境和材料的评价。
（6）对活动效果的评价。

10. 【答案要点】

对幼儿园教育评价的反思，应从以下几方面分析：
（1）评价功能的变化。
（2）评价目标的变化。
（3）评价内容的变化。
（4）评价方法的变化。
（5）评价主体的变化。
（6）评价类型的变化。

三、论述题答案

1. 【答案要点】

（1）观察法。观察法是指有目的、有计划地对评价对象行为进行系统和连续的考察、记录、分析，并对观测结果做出评定的一种方法。

（2）问卷法。问卷法是指由调查对象通过书面形式提供给调查者有关评价对象情况的一种评价资料收集方法。

（3）成长记录袋。成长记录袋是从国外引进的一种新兴评价方式，是根据教育教学目标，有意识地将幼儿的作品及其他证据收集起来，通过合理的分析，明确幼儿的特殊需要，发现教学中的优点与不足,从而改进教学,提高教学质量,最终促进幼儿的发展。

(4)访谈法。访谈法也称谈话法是指评价者通过直接和访谈对象进行交谈来获取有关信息的一种收集评价资料的方法。

(5)测验法。测验法是借助各种测试题对评价对象的有关情况实施测量,获得信息资料进行评价的方法。

(6)自我评价法。自我评价法是依据一定的评价原则和标准,主动对自己的思想和行为做出评价的方法。

2.【答案要点】

运用谈话法要注意:第一,要有明确的谈话目的。第二,谈话应在幼儿生活范围内并使幼儿能够理解,使用幼儿能听懂的语言,提问要尽可能简单。第三,谈话要在自然状态下进行,避免幼儿出现紧张情绪,影响谈话结果的真实性。第四,教师与幼儿谈话时要营造轻松、亲切的气氛,谈话口吻要温和、自然,切忌斥责、批评幼儿。第五,谈话记录应在谈话后追记或把录音机放在幼儿看不到的地方进行录音,然后再整理谈话记录。

3.【答案要点】

运用问卷调查法要注意:第一,让家长了解问卷调查的意图,使其建立对教师的信任感,消除顾虑。第二,问卷的语言应明确、易懂,便于家长正确理解问题的内容。第三,问卷设计应涵盖所需了解的全部内容,但回答方式应尽量简便,以便在不增加家长过多负担的情况下得到较丰富的信息。同时,简便的回答方式还有助于得到明确的回答,有利于日后进行统计分析。

四、材料分析题答案

1.【答案要点】

(1)《幼儿园教育指导纲要(试行)》明确指出,要"全面了解幼儿的发展状况,防止片面性,尤其要避免只重知识和技能,忽略情感、社会性和实际能力的倾向"。因此,在教育活动中,教师的评价不应再把幼儿对知识技能的掌握作为重点取向,而应该更多地关注幼儿各方面的发展。

(2)如对于绘画活动的评价,以前教师往往只侧重于评价幼儿是否掌握了绘画技能。现在,教师则更加重视挖掘绘画作品本身潜在的含义。认可和赏识幼儿个性化的绘画表现;更加关注幼儿的所思所想,分析和思考绘画作品反映了幼儿什么样的情绪情感、生活经验、思维方式等;更加注重幼儿的创造力、观察力、逻辑思维能力、整合能力等能力表现,并期望能借此了解幼儿的内心世界,研究幼儿的学习特质,为寻求下一步的教育策略提供依据。

(3)从上述案例中就可以看出,教师的评价取向重心已经发生了转移,体现了对幼儿情感、态度、能力等方面的综合评价,知识和技能不再是唯一的内容。这样更有利于教师发自内心地来肯定幼儿的发展,呵护幼儿的自尊心。

2.【答案要点】

小红花是孩子的骄傲和挚爱,教师通过小红花评比,旨在调动孩子活动的主动性、积极性,形成良好的行为习惯。老师在评价孩子的过程中,为追求理想的效果,用统一的标准来要求每一个孩子,这对滔滔这种顽皮的孩子来说一时难以做到。可是,他也像其他孩子一样需要关注和鼓励,但一次又一次的失望,使他从无奈地向老师求情到失望之极地大哭。心疼孙子的奶奶只好用"买小红花"来安慰孩子。

因此,评价的关注点应放在孩子的变化和发展上,多用纵向比较,慎用横向比较,重新和孩子们一起制定评选小红花的标准,让滔滔这样的孩子在"不打人"等条件下也能得到小红花,获得满足与成功。

我会主动找滔滔奶奶,先向她道歉,检讨自己在评价孩子时的失误,对滔滔的观察不够。然后和她一起研究教育孩子的方法,争取得到家庭的支持与合作。最后告诉奶奶,小红花是用来激励孩子进步的,不可用买来代替。

3. 【答案要点】

这一材料中,教师给幼儿提供了自我评价的机会,并促使其形成积极、正确的评价观。

自我评价是自我意识的一种表现,也是孩子认知发展的一个非常重要的方面。此材料中的小女孩能够很好地反思自己,客观地分析评价自己,并有着积极的心态。幼儿教师在教育工作中,要培养幼儿自我反思、自我评价的能力,逐步引导幼儿从简单笼统的评价向具体细致的评价发展。只有多给幼儿创造自我评价的机会,他们的自我评价能力才会逐步提高,从而积极客观地认识、评价自己。

第二部分

游戏设计及参考设计方案

1. 帮水宝宝搬家

围绕"帮水宝宝搬家"的主题,设计一个幼儿园小班活动方案。要求写明活动目标、活动准备、活动过程等。

参考设计

健康领域

一、活动目标

1. 引导幼儿体验玩水的乐趣。
2. 激发幼儿的合作和创新意识,培养幼儿解决问题的能力。
3. 鼓励幼儿运用各种感官感知水的特征。

二、活动准备

1. 心理准备:幼儿在以前的玩水过程中初步了解了水的特征。
2. 物质准备:水盆、水桶、杯子、空矿泉水瓶、海绵、注射器、塑料袋、抹布等。

三、活动过程

1. 谈话活动,交流不同信息,教师梳理归纳。

老师请来了小朋友们非常喜欢的好朋友(水宝宝),出示一盆水,通过观察和感知,鼓励幼儿说说水的特性。

教师和幼儿一起总结水的特性:无色、无味。

2. 玩水活动。

水宝宝在盆里玩累了,很想到那边的水桶里去玩一玩,可是它们自己去不了,小朋友能不能帮助水宝宝呢?请小朋友说一说可以用哪些方法和工具帮助水宝宝,然后尝试用这些方法和工具和水宝宝玩一会儿。

3. 帮水宝宝搬家:采用分组比赛形式,教师巡回指导。

（1）将幼儿分成两队进行比赛，看哪组小朋友最先把水宝宝运到水桶里，哪组小朋友用到的方法最多。

（2）介绍比赛规则：水盆和水桶不能离开原地；把所有水宝宝都运到水桶里，不能落到半路；记住自己所用的工具和方法。

4. 小朋友向评委老师介绍自己队所用的工具和方法，评委老师帮助记录，教师与幼儿一起进行归纳总结。

5. 活动延伸。

浇花：水宝宝说："今天和小朋友在一起玩得很开心，可是不能只知道玩，还要帮助妈妈干活（外面的花草都渴了，它们需要喝水）。"我们一起帮助水宝宝，拿着我们的工具去给花娃娃喝水吧！

2. 创设游戏活动区

综合运用创设游戏活动区的理论，根据幼儿年龄特点，设计一个幼儿园中班游戏活动区方案。

创设活动区理论：根据幼儿教育目标、本班实际情况及本阶段的教育重点确定活动区的种类和数量。活动区材料的投放应考虑材料的多样化及摆放的明确性。活动区布置方面应兼顾界限性、相容性和转换性。还应确定相应的活动区规则。

结合中班幼儿年龄特点设计：根据幼儿活泼好动的特点，可设计一些身体运动活动；中班幼儿开始进行同伴交往，可设计一些便于发展交往的游戏；相同材料投放的数量可少于小班，种类可多于小班。

活动区设计方案：游戏是幼儿的快乐活动，而且它也是对幼儿成长发展和学习有价值的活动，但传统的游戏存在不小弊端，而区域活动的设置，改变了原有的游戏模式，游戏改为人为创设自然情景，幼儿自主选择游戏。要使游戏成为幼儿学习和探索的主题，幼儿可以自己决定玩什么，怎么玩，而教师通过确定游戏的教育目标制订计划，通过创设适宜的游戏条件，并在活动过程中指导、影响幼儿的行为，激发幼儿对周围环境的兴趣，积极实践、操作探索，从而达到促进幼儿全面和谐发展的目的。现将本次游戏活动制定方案如下：

美工区：

（1）用水彩笔或棉签蘸颜料在纸或其他材料上随意作画。

（2）用笔沿着手掌或脚掌的外形把手掌或脚掌描在纸上，也可利用手掌或脚掌的形状作画。

（3）提供完整的蛋壳和形状各异的鹅卵石，幼儿在蛋壳上或是根据石块的形状作画。

（4）提供橡皮泥让幼儿随意做各种物品。

（5）提供一些纸，让幼儿折飞机或船等其他物品。

阅读区：

（1）学会正确地翻看图书并保持安静。

（2）知道要爱护图书并不乱撕、丢书。

（3）尝试看图片讲述或编故事。

（4）启发幼儿将类似的动物或人物卡片找出并尝试编故事。

（5）活动结束后能将书整齐地放回原位。

体育区：

（1）尝试对着纸箱上的大小洞进行投掷活动，锻炼幼儿目测能力。

（2）探索沙包的几种玩法并自由玩沙包。

（3）让幼儿在独木桥上行走，锻炼幼儿的平衡能力。

（4）提供布袋，锻炼幼儿的跳跃能力。

益智区：

（1）提供各种形状的图片让幼儿能正确分出正方形、圆形、三角形等一些平面图形。

（2）提供20以内的点卡及相同数量物品的图片让幼儿学会一一对应，会20以内的数数。

（3）提供填数字图片，巩固幼儿对20以内顺数及倒数的掌握。

（4）会将相同数量的物品摆出各种形状，巩固对5以内数的守恒的掌握。

角色区：

（1）提供钱币让幼儿初步尝试掌握钱币的使用。

（2）能够结合生活经验学会分配分角色，使用工作语言参与到游戏中去。

（3）对活动中的材料感兴趣，会正确地操作和摆弄。

（4）活动中能热情地与同伴交流，敢于表达自己的意见和要求。

3. 一次节日活动

按照"亲子教育"的要求，设计一次节日活动。

一、活动主题

元宵节，点灯笼

二、活动目标

1. 让幼儿了解元宵节的来历。
2. 增进亲子之间的感情。
3. 培养幼儿的动手操作能力。

三、活动准备

1. 灯笼图片PPT、舒缓的音乐。
2. 灯笼的来历、灯笼的制作方法。
3. 红色旧挂历、红色卡纸、一次性纸杯、一些废旧物品、双面胶、剪刀、直尺、笔、皱纹纸。

四、设计思路

根据挂历等废旧材料的不同质地分类，按家庭为单位，父母与孩子共同制作灯笼，并在创作过程中让幼儿进一步了解元宵节的来历，知道为什么人们在节日的夜晚要点灯笼。

五、活动过程

1. 向家长介绍本次活动的要求。
2. 先向家长介绍本活动的目的。
3. 利用 PPT 加配乐，向家长和幼儿介绍元宵节点灯笼的来历。

（元宵节也称灯节，元宵节燃灯的风俗起自汉朝，到了唐代，赏灯活动更加兴盛，皇宫里、街道上处处挂灯，还要建立高大的灯轮、灯楼和灯树，唐朝大诗人卢照邻曾在《十五夜观灯》中这样描述元宵节燃灯的盛况："接汉疑星落，依楼似月悬。"

宋代更重视元宵节，赏灯活动更加热闹，赏灯活动要进行 5 天，灯的样式也更丰富。明代要连续赏灯 10 天，这是中国最长的灯节了。清代赏灯活动虽然只有 3 天，但是赏灯活动规模很大，盛况空前，除燃灯之外，还放烟花助兴。

灯笼从种类上分，有宫灯、纱灯、吊灯等；从造型上分，有人物、山水、花鸟、龙凤、鱼虫等。除此之外，还有专供人们赏玩的走马灯。

4. 给家长介绍灯笼的制作方法。
5. 分发准备好的材料，家长和孩子一起制作灯笼。

4. 瓶盖重新利用

如今生活垃圾随处可见，如喝完饮料的瓶盖、吃完的药瓶盖等不用的瓶盖随处可见，如果扔掉，只能是生活垃圾。

请设计一个活动让幼儿将瓶盖重新利用起来，使幼儿懂得再利用的好处，同时，也激发了幼儿的创造能力和动手操作能力。

一、活动目标

1. 幼儿学会用废旧材料瓶盖贴出自己喜欢的蝴蝶。
2. 培养幼儿动手操作能力，同时激发幼儿的创造力和想象力。
3. 通过本次活动，让幼儿学会回收使用废旧材料。

二、活动重点

让幼儿通过想象，创造出自己喜欢的蝴蝶，学会回收使用废旧材料。

三、活动难点

通过本次活动，激发幼儿的创造力和想象力。

四、活动准备

1. 大小不同的瓶盖（每人一组）；双面胶、透明胶（每人一卷）；皮筋（若干条）。
2. 彩色卡纸（若干张）、彩笔。

五、活动过程

1. 出示瓶盖范画，激发幼儿兴趣。

教师出示范画，请小朋友说说画上有什么？是用什么做的？（鼓励幼儿说说自己所看到的。）

教师说：小朋友观察得真仔细，这幅小动物画是用瓶盖贴出来的，老师也给小朋友带来了一些废旧的瓶盖，我们用它们也能贴出一幅漂亮的画。

2. 教师示范贴蝴蝶的方法及步骤。

贴瓶盖的方法：选自己喜欢的瓶盖在背面粘上双面胶，揭掉双面胶的表皮纸，然后贴在卡纸自己喜欢的位置上。

第一步：贴蝴蝶的身子。

要求：把皮筋拉成椭圆形，用透明胶固定在卡纸上。

第二步：贴蝴蝶的翅膀。

要求：翅膀两边各用大小不同的两个瓶盖，贴成对称形。

第三步：贴蝴蝶的触角。

要求：把两条皮筋分别剪断，一头打出一个结，然后固定在蝴蝶的头部。再用彩笔画上蝴蝶的眼睛，这样一只漂亮的蝴蝶就贴成了。

第四步：还可以用彩笔在蝴蝶的周围画上小花、小草等来丰富自己的作品。

③鼓励幼儿大胆作画，教师指导。教师鼓励幼儿大胆贴出自己喜欢的蝴蝶形状，也可以多贴几只，还可以贴出自己喜欢的其他图案。

④展示作品：幼儿介绍自己的作品，说出自己的想法和设计意图。带领幼儿参观、评价作品。

六、活动效果分析

本次活动吸引幼儿注意的是纸上的画，不是用画笔画上去的，而是用废旧的瓶盖粘上去的。这样的活动有助于培养幼儿的动手操作能力和创造力，激发幼儿对美术的兴趣以及对大自然的热爱。

5. 元宵节

以"元宵节"为主题，设计一个幼儿园大班活动方案。要求写明活动目标、活动准备、活动过程等。

参考设计

活动名称：大班音乐游戏"元宵灯会"。

一、活动目标

1. 乐于参与游戏，体验"元宵灯会"游戏活动的乐趣。
2. 通过律动和打击乐器感应乐曲的拍子和重音。
3. 了解中国传统节日元宵节，欣赏各式各样花灯并创造性地运用肢体动作表现花灯的造型。

二、活动准备

1. 经验准备：幼儿看过有关元宵灯会的录像、图片。

2. 打击乐器（大鼓、小鼓、吊镲、鼓棒）、呼啦圈、打棒、故事挂图等。

三、活动重难点

1. 重点：了解中国传统习俗。
2. 难点：感应乐曲的重音。

四、活动过程

（一）故事引导

"宝宝和爸爸妈妈吃完元宵后，就和爸爸妈妈一起去看元宵灯会。哇！好多灯笼啊！有龙灯、金鱼灯笼、火箭灯笼等，宝宝看得眼花缭乱。"

（二）习俗活动

认识元宵节和花灯（观看 VCD 中的花灯造型）。

为什么会有那么多的灯笼呢？哦，原来是过元宵节啦！元宵节又称"上元节"或"灯节"，在每年农历的正月十五。它是整个春节节庆活动的最后一个高潮，家家户户都热闹庆祝。元宵节的夜晚，小朋友手提灯笼在外面游玩，全国各地也会组织各种活动。

（三）肢体花灯造型

你们今年元宵节看到花灯了吗？你们在哪看到花灯了呢？（万绿园）你们见过什么样的花灯？能与你的朋友一起做出花灯造型吗？

1. 老师敲鼓（可尝试放音乐），鼓励幼儿尝试随拍子的快慢以及各种步伐行进。
2. 幼儿听音律动，创编单人、双人或多人一组，变化各种花灯的造型。

（1）单人游戏。幼儿听音走一种步伐，听吊镲一声变一种花灯造型，两声变两种造型，多声变多种造型。

（2）双人游戏。幼儿双人听音走另一种步伐，听吊镲一声变一种花灯造型，两声变两种造型。

（3）多人游戏。幼儿多人组合听音变步伐，听吊镲一声变一种花灯造型，两声变两种造型。

（四）感应拍子和重音

1. 欣赏中国民间音乐（元宵灯会）。

这么热闹的元宵灯会，还需要有一首好听的乐曲，我们一起听听《元宵灯会》。

（1）肢体乐器（坐地）。

听音乐的拍子：拍腿（每次重音后换另一个地方感应拍子，拍头、肩、脸等）

重音时拍地板。（口唱：准备好）

（2）欣赏后提问：听了这首乐曲有什么感觉？这首乐曲有什么变化？

（3）引导幼儿认识重音：和前面的音不一样，声音中敲得响的那个音，叫重音。

（4）感应重音。

2. 律动游戏：跳呼啦圈摆造型。

（1）老师示范游戏，并介绍规则。

（2）分组拿圈。

（3）听音乐，集体游戏。

拍子：走步/全曲快步走。

重音：造型/跳入呼啦圈，肢体做大的造型。

3. 大型打击乐器。

（1）推出大鼓。

（2）教师示范。

（3）分组拿鼓棒。

（4）练习互敲鼓棒。

拍子：打棒互敲/持一对打棒，边走边以打棒互敲。

重音：齐奏乐器/停止脚步，于散放的4种大型打击乐器（小鼓、大盆或吊镲、大鼓，等等）上齐奏。

（5）配乐演奏。

6. 秋天的水果

以"秋天的水果"为主题，设计一个幼儿园中班活动方案。要求写明活动目标、活动准备、活动过程等。

参考设计

一、活动目标

1. 了解秋天的水果，知道其名称和主要特征。
2. 会用各种感官感知水果的特征。

二、活动准备

1. 在活动室里布置一个水果店，陈列柿子、石榴、苹果、生梨、橘子等水果。
2. 在自然角里放置盆栽的石榴和橘子。
3. 在活动区放置彩泥和果树图。

三、活动过程

1. 通过准备活动引起幼儿认识水果的兴趣。向幼儿提出带水果的要求时，不要限制品种，可以让幼儿多带几种，带来后引导幼儿相互介绍。
2. 通过探索活动提高幼儿运用感官的能力。
（1）用水果店的方式陈列幼儿带来的水果，也可以让幼儿玩开水果店的游戏。
（2）教师准备一些水果供幼儿摆弄、品尝。
3. 通过交流活动激发幼儿继续探索的愿望。
（1）用卖水果的游戏方式让幼儿介绍各种水果的特征。
（2）引导幼儿了解水果不同特征的方式（如用眼看、用鼻闻、用嘴尝、用手摸等）。
（3）谈谈各种水果的产地。

（4）让幼儿了解水果有益于健康，以及吃水果要注意卫生。
4. 通过制作活动发展幼儿的动手能力和创造力。

让幼儿用彩泥做各种水果并粘在果树图上，然后把幼儿做的果树陈列在活动室里。

7. 小乌龟旅行记

为培养小班幼儿的倾听习惯和丰富的想象力，请设计小班语言教育活动"小乌龟旅行记"，要求写明活动目标、活动准备和活动过程。

一、活动目标

1. 培养幼儿学会倾听的习惯，激发幼儿的想说、敢说、喜欢说的兴趣。
2. 鼓励幼儿大胆想象，并通过语言、绘画的形式表现出来。
3. 引导幼儿关注周围的生命，养成积极的生活态度。

二、活动准备

1. 经验准备：观察乌龟的外貌特征，了解乌龟的生活习性。
2. 背景图若干张、小乌龟图片、白纸、油画棒。

三、活动过程

1. 听一听。
（1）自我介绍，出示礼物小乌龟，观察欣赏。
（2）引出故事《小乌龟旅行记》，生动、形象地讲述故事。
2. 说一说。
（1）教师引出问题，鼓励幼儿大胆想象，讲述小乌龟去旅行的故事。
（2）幼儿之间相互讨论、倾听、交流自己的想法。
3. 画一画。
（1）教师引导幼儿将自己的想法画出来（介绍提供的背景材料），鼓励幼儿大胆表现。
（2）幼儿绘画，教师细心观察，根据幼儿的实际需要给予适当的支持、帮助和指导。
4. 讲一讲。
（1）教师引导画完的幼儿拿着自己的画，把小乌龟去旅行的经历讲给老师、小朋友、小乌龟听。
（2）教师把幼儿的作品订在一起变成一本书，引导幼儿给书起名字，放入语言角，互相欣赏、交流。

8. 我爱家乡

请以"我爱家乡"为内容写一个300字左右的教学活动设计。

一、活动目的

使孩子更多地了解自己的家乡、热爱家乡，通过此活动增强幼儿的环保意识。

二、活动内容

1. 了解家乡名胜古迹及部分土特产。
2. 教育幼儿热爱家乡，要保护家乡名胜古迹，增强幼儿的环保意识。

三、活动准备

1. 通过家园联系，要求家长配合带幼儿在家乡旅游拍照，收集各种名胜古迹资料。
2. 环保资料：家乡环境遭遇破坏的图片、视频等。
3. 布置好"美丽的家乡"展厅。

四、活动过程

1. 稳定幼儿情绪，组织教学。
2. 进入展厅，教师担任解说员。
3. 出示有关环保方面的照片，引导幼儿讨论。
4. 自由活动。
5. 在大部分幼儿参观讨论结束时，组织幼儿创编儿歌。

五、活动延伸

请幼儿将自己美丽的家乡风貌用笔画下来，并组织幼儿进行"美丽的家乡"绘画展。

9. 保护地球

围绕"环保"的主题，设计一个幼儿园大班活动方案。要求写明活动目标、活动准备、活动过程等。

一、活动目标

1. 利用环保废旧材料制作服饰，体现"绿色环保，保护地球"的活动主题。
2. 在活动中能大胆地展示自己。
3. 感受与父母一起活动的快乐，愉快地度过在幼儿园的最后一个"六一"儿童节。

二、活动准备

1. 发放家长邀请书。
2. 场地布置，制作横幅、评分表、幼儿号码牌。
3. 磁带、录音机。
4. 活动前和幼儿一起练习走模特步。

三、活动过程

（一）导入活动

1. 教师说：在浩瀚的宇宙中，有一颗蓝色的星球，这颗蓝色的星球就是我们共同的家园。小朋友，你们知道这颗星球叫什么吗？（地球）对呀，地球妈妈很高兴地看着自己的孩子一天天地长大，可是最近她很生气，为什么呢？

2. 幼儿自由回答。

3. 小结：原来地球上的人乱砍树木，地球妈妈的绿色衣裳都被破坏了，做成的杯子、塑料袋、报纸、纸盒呢，也到处乱扔，都快让地球妈妈变成一个垃圾场啦，怎么办呢？

4. 幼儿自由回答。

5. 小结：对呀，我们应该关心爱护我们共同的家园，今天是"六一儿童节"，是我们在幼儿园度过的最后一个儿童节，我们该为地球妈妈做点有意义的事，让我们一起把地球妈妈身上的垃圾捡起来，好吗？那么，这些垃圾还有没有用呢？我们的爸爸妈妈和小朋友都很聪明，利用自己灵巧的双手，可以制作出一件又一件漂亮的衣服，是不是？小朋友，今天，就让我们用这些东西来打扮自己，可以请爸爸妈妈帮忙，好吗？

（二）幼儿和家长制作

1. 要求利用各种废旧材料制作衣服，打扮好自己和孩子。

2. 小心摆放制作工具，注意安全。

（三）时装表演秀

1. 教师说：呀，小朋友们都好漂亮呀，你们见过服装表演吗？那你们想不想上来像模特儿一样走一走呢？

2. 提出要求。

（1）按学号排队，两个幼儿和其家长一起上台。

（2）由其他家长在下面打分，一位老师统计，并及时记录在幼儿名单上。

（3）最后评选"最佳模特奖"及"最佳服装设计奖"。

（四）颁奖

1. 教师说：今天我们和爸爸妈妈一起用各种废旧材料制作了许多漂亮的衣服，你们开心吗？地球妈妈也很开心，我们把她打扫得这样干净。她给小朋友准备了许多礼物，你们看，漂亮吗？等一会儿每个小朋友自己去领一份，好吗？

2. 今后我们要怎样关心爱护我们的地球妈妈呢？（不砍树木，多种树，不乱扔垃圾，尽量不用一次性杯子等。）

3. 幼儿回答，结束活动。

10．"环境保护"主题活动

请为幼儿园大班设计一份"环境保护"的教育主题活动。

参考设计

一、活动目标

1. 培养幼儿的责任感，使幼儿知道保护环境就是保护自己，每个人都应该为保护环境尽自己的一份力量。培养幼儿从小有良好的文明行为习惯，有积极参与环保的初步意识。

2. 向幼儿进行宣传教育，使幼儿知道"保护环境，人人有责"，懂得"地球只有一个，人类要保护好她"的道理。

3. 在制作宣传牌的过程中树立幼儿的自信心，培养幼儿的合作意识。发展幼儿的注意力、观察力、想象力。培养幼儿动脑、动口的学习习惯。

二、活动准备

1. 教师准备：课件；利用户外活动或郊游的机会，引导幼儿观察周围的环境，让小朋友知道地球就是我们的家园。

2. 幼儿准备：收集有关地球变热的资料和图片；事先了解有关地球变热的知识。

三、活动过程

1. 开始部分。请小朋友一起念儿歌《地球妈妈是我家》，引出课题。

2. 基本部分。

（1）请小朋友一起看课件，听故事《地球妈妈变热了》。

（2）请小朋友说一说"地球妈妈"为什么变热了。

（3）看课件老师总结地球变热的原因：科学家分析了地球变热的原因，认为主要是人类自身不合理的活动造成的。比如，砍伐森林树木，草原上过度放牧，就减少了能吸收二氧化碳、呼出氧气的森林和牧草等植被。还比如，海洋上船舶航行，污染海面，尤其是油污染海面，使海水不能正常地吸收二氧化碳。更主要的是工业发展，兴建许多工厂，大量矿物燃料的燃烧，烟囱冒烟，汽车排放废气等，增加了很多二氧化碳。三者加在一起，就使大气中的二氧化碳含量猛增。二氧化碳含量增加，就像给地球盖的屋顶，越来越厚，地球表面散发的热量无法散到宇宙中，都被二氧化碳阻挡了，这就叫"温室效应"。也就像我们到玻璃暖房一样，太阳光可以照进来，热量散不出去，屋子里就暖和了。

（4）看课件让小朋友了解地球气候变热给我们带来的灾难。地球变热使居住在地球上的广大居民受到热浪的袭击，天气少雨、干旱，影响作物正常生长。由于地球气候变热，南极冰山也会渐渐融化。冰山融化，会使海平面上升，那么许多沿海城市就会被淹没，整个地球就将面目全非。

（5）"地球妈妈"变热了，就像我们小朋友生病发烧了一样。"地球妈妈"生病了，那我们怎么办呢？请小朋友讲一讲如果你是"地球医生"，你会怎么给"地球妈妈"治病呢？

（6）看课件，总结日常生活中防止地球变暖的措施：出门时尽量乘坐公共交通工具；使用环保型的汽车；少使用空调；多植树造林；每次减少一分钟淋浴时间；不使用的家用电器要把插头拔掉；停止设置电饭煲处于保温状态；购物时携带购物袋，减少塑料袋的使用；减少看电视的时间；家人尽量在同一房间活动等。

3. 结束部分。鼓励幼儿向家人宣传保护环境的知识；分小组制作宣传牌（共同讨论，自由分工）。

（1）自己设计宣传画。

（2）自编宣传标语。

（3）装饰宣传牌。
（4）教师和幼儿一起到户外安放宣传牌。
（5）结束语：小朋友，保护地球是我们的责任，应该尽自己的力量从身边的小事做起。我们不仅自己要做环保小卫士，还要提醒周围的人，让大家都做环保卫士。

四、活动延伸

1. 请家长和其他班的幼儿到我们班参观环保画展，由幼儿当讲解员。
2. 续编故事《地球不热了》，鼓励幼儿大胆想象。

11. 照片

围绕"照片"的主题，设计一个幼儿园大班活动方案。要求写明活动目标、活动准备、活动过程等。

参考设计

一、活动目标

1. 运用连贯、完整并且富有一定故事情节的语言讲述照片的内容。
2. 感受照片所表现内容的多样性。
3. 体验与人交流的乐趣。

二、活动准备

1. 物质准备：①教师准备好活动当中要使用的照片，包括示范讲述的照片、孩子在幼儿园活动的照片、3张有益于幼儿经验拓展的照片，如幼儿园运动会照片、《喜羊羊与灰太狼》的剧照、刘翔比赛的照片。②在教室里布置好照片展览会。③自制一本相册。
2. 经验准备：每个幼儿准备2～3张自己的照片，并于活动前与家长共同交流、回忆有关照片的内容。

三、活动过程

（一）创设情境，组织幼儿参观照片，相互交流照片的内容

1. 教师引导幼儿参观照片，并提出参观的要求。
"参观的时候，请你找一找哪张照片是你的，和好朋友讲一讲你的照片上有谁，是在什么地方拍的，当时你的心情怎么样。"
2. 幼儿参观，同伴间互相讲述，教师了解幼儿讲述的大致情况，给予个别幼儿恰当的指导。

（二）教师示范讲述自己照片的故事

1. 教师示范讲述：我的照片的故事。
2. 通过提问，帮助幼儿理解讲述的要点及讲述的条理性和完整性。
（1）我的照片里有谁？

（2）我和谁在什么时候去了什么地方？

（3）做了一件什么事？玩得怎么样？

（三）启发、引导幼儿用连贯、完整的语言讲述各类照片，感受照片所表现的不同内容，体验大胆讲述、与人交流的乐趣

1. 请个别讲述自己照片的故事。

教师说："谁愿意去选一张自己的照片，并将照片的故事讲给大家听？"

2. 引导幼儿讲述他在幼儿园活动中拍的照片的故事。

3. 经验迁移，讲述他人照片的故事。

（1）幼儿园运动会照片。

（2）《喜羊羊与灰太狼》的剧照。

（3）刘翔比赛的照片。

4. 幼儿自选照片，再次与同伴交流、分享照片的故事。

（四）分类整理，制作班级相册，共享照片的故事

1. 引导幼儿对照片进行归类、整理。

（1）请幼儿按照片拍摄的地点归类、整理。

"每一张照片不仅能讲述一个好听的故事，还能帮助我们记住一件事情，每一张照片都很珍贵，我们应该将它保存好。"

2. 制作班级相册，分享活动的快乐。

教师说："这些照片装在一起，再加个封面就做成一本相册了，这是我们的班级相册，我们还会有更多的照片存放在里面，我们还要继续讲照片的故事。"

（五）活动延伸

继续收集照片，让幼儿在区域活动中自由讲述。

12. 消防演练

围绕"消防演练"主题，设计一个幼儿园大班活动方案。要求写明活动目标、活动准备、活动过程等。

参考设计

一、活动目标

1. 了解基本的消防知识，学习火灾中简单的自救方法。
2. 树立防火意识，提高自我保护能力。

二、活动准备

1. 材料准备：火灾现场录像带，图片，"紧急出口"，消防车声音，"火警电话119"标志，小毛巾、小脸盆等若干。
2. 经验准备：幼儿已积累了一些安全防火的知识经验，知道自己家的住址。

三、活动过程

（一）幼儿观看录像，了解火灾的危害性

1. 录像里讲了一件什么事？发生火灾会怎么样？
2. 幼儿讨论发言，教师小结。
（1）大火能烧掉一座座房子，让人们无家可归，能烧掉一片片森林，让动物也没有家园。
（2）大火能烧死人和动物。
（3）污染空气。

（二）讨论预防火灾发生的方法

1. 火灾很可怕，那我们小朋友要怎么做才会预防火灾的发生？（幼儿自由讲述）
2. 教师小结。
（1）小朋友不能随便玩火。
（2）点蜡烛、蚊香时不能靠近容易着火的物品。
（3）不能随便燃放烟花爆竹。
（4）不能玩没熄灭的烟头，见了没熄灭的烟头应及时踩灭。
（5）不能随便玩电、插头、插座等。

（三）播放录像，帮助幼儿了解火灾自救的方法

录像一：垃圾筐着火了，怎么办？
录像二：房子着火了，怎么办？
1. 鼓励幼儿积极回答问题，利用图片形式记录幼儿的回答。
2. 引导幼儿思考上面的方法中，哪些是小朋友能做的。

（四）逃生演习

1. 听警报拉响时进行第一次消防逃生演习。
2. 第二次消防演习。

13. 彩色的世界

围绕"彩色的世界"的主题，设计一个幼儿园小班活动方案。

一、活动目标

1. 通过一系列活动引导幼儿体验混色变化带来的快乐。
2. 在玩玩做做中使幼儿知道三原色配色的结果。
3. 引导幼儿根据活动内容创编儿歌。

二、活动准备

1. 三原色颜料、纸片及混色变化后的纸片颜色。
2. 透明玻璃瓶及玻璃纸若干。

三、活动过程

1. 出示3个透明的装有清水的玻璃瓶及三原色颜料，引起幼儿兴趣。
教师将3种颜料分别滴入3个装有清水的瓶中，请幼儿观察，水会发生怎样的变化？
2. 教师演示实验，幼儿仔细观察。
今天，红、黄、蓝这3个颜色宝宝要来给小朋友们变魔术，它们3个相互搭配在一起就能变出一种新的颜色。
3. 幼儿分组进行实验活动。
（1）每组幼儿几个玻璃瓶，三原色颜料及纸片。
（2）幼儿自由搭配三原色，观察其发生了什么变化。

14. 防晒

围绕"防晒"的主题，设计一个幼儿园中班活动方案。要求写明活动目标、活动准备、活动过程等。

参考设计

一、活动目标

1. 引导幼儿初步懂得夏季炎热，要注意防晒，不要在烈日下玩耍。
2. 帮助幼儿认识一两种降温工具，并简单了解人们夏季防暑降温的方法。

二、活动准备

常见降温工具的实物、图片，降温方法的图片，几件幼儿夏季服装。

三、活动过程

（一）开始部分

1. 伴随律动音乐《我爱洗澡》入场。
2. 教师出示几件夏季服装，提问：小朋友，这些衣服是什么时候穿的？夏季穿上这样的衣服感觉怎样？

（二）基本部分

1. 小朋友，刚才我们认识了几件服装，知道它们是夏季服装，并了解了夏天天气很热，小朋友想不想让自己凉快一些？
2. 带领幼儿到树荫下，让幼儿谈谈在树荫下和烈日下的感受，启发幼儿说出哪里凉爽。
3. 教师出示图片，让幼儿观察画面上的小朋友是怎样来降温的（如空调、电风扇、洗澡、树下乘凉等）。
4. 引导幼儿讨论：有什么办法使自己凉快？
（1）夏季人们的衣着，如背心、短裤、裙子、凉鞋等。
（2）夏季的日常用品，如凉席、电风扇、空调、太阳帽等。

（3）夏季的食品，如冷饮、西瓜等。
（4）夏季的活动，如游泳、洗澡等。
5. 刚才，老师和小朋友们想了很多夏季降温的方法，小朋友们说得非常好，下面我们来欣赏故事《小狗不热了》。
6. 提问幼儿：故事里的小狗为什么不热了？它是用什么方法降温的？
7. 教育幼儿不在烈日下玩耍。
8. 教师与幼儿一起做游戏"电风扇"。
9. 引导幼儿回家给爷爷、奶奶等人扇扇子或做扇子送给自己喜欢的人。

15. 幼儿园的树木

幼儿园的院子里有几种高大的树，也有一些比较低矮的灌木。请你结合院子里的这些资源，设计一个题为"幼儿园的树木"的中班主题活动方案（含3个子活动），要求写出总目标，每个子活动的名称、目的和主要环节。

参考设计

一、主题活动总目标

1. 引导幼儿愿意和树木做朋友，对幼儿园里的树木感兴趣。
2. 能够主动提出有关树的问题，并能与同伴积极讨论。
3. 感知大树的生长变化，简单了解树对人和环境的作用。
4. 能积极与同伴一起探究问题，在探究中获得经验，能够简单地记录。
5. 以树为主题进行美工创造，关注其色彩、形态等特征。
6. 感受幼儿园的美，激发爱树、爱幼儿园的感情，培养爱护环境意识。

二、主题活动一：树木的秘密（科学）

目的：
1. 通过观察和比较认识幼儿园中的树木，了解树与人类的关系。
2. 学习做简单的记录发现树木的不同特征。
3. 积极参与有关树木的探索活动，乐意与同伴交流分享有关树木的知识和经验。

活动过程：
1. 情境导入，引出主题。活动开始前，教师带领幼儿到院子去散步，在散步的过程中让幼儿观察身边高低不同、颜色各异的树，教师向幼儿讲解常绿树和落叶树，从而引出本次活动内容。
2. 认识常绿树和落叶树。
（1）教师通过多种角度教会幼儿区分两种树的特征（大小、厚薄、形状）。
（2）教师小结：常绿树的叶子是硬硬的、光滑的、厚厚的、有水分的；表面有蜡质。落叶树的叶子是软软的、粗糙的、薄薄的、没有水分的。
3. 学习树的年轮。在掌握常绿树和落叶树的知识后，教师引导幼儿学习树的年轮，并教会数树的年轮方法，幼儿学会后，讲幼儿分组，分发记录卡片，让幼儿在园中找找书的年龄，并记录下来。

4. 游戏结束。

（1）带领幼儿玩"树叶找家"的游戏。教师分发树叶，让幼儿把树叶贴到相对应的树上，找找幼儿园中哪些是常绿树哪些落叶树。

（2）让幼儿交流大树的秘密有哪些，通过本次活动学到了什么。教师总结树与人的关系。

三、主题活动二：树的想象（美术）

目的：

1. 能自主选择各种材料，对不同的"树"进行装饰。

2. 大胆运用自己的想象，用自己喜欢的方式描绘出大树。

3. 养成正确使用、有序收放材料的习惯。

活动过程：

1. 谈话导入，引起幼儿兴趣。活动开始，教师组织小朋友们坐好之后提问小朋友们知道哪些大树？它们是什么样子的？通过谈话引发幼儿回忆，通过幼儿描述、教师总结，引出本次活动的内容：运用自己的想象，描绘出我们身边的树木。

2. 讲解示范，掌握绘画方法。

（1）教师出示范画，提问幼儿画上都有什么，教师告诉幼儿画上的树是我们幼儿园里的树。

（2）教师示范作画，在示范的过程中，依次说出描画、吹画、点画的方法，引导幼儿注意画面布局。并带领幼儿观察绘画器材，进一步了解不同绘画材料的使用方法。重点讲解吹画、点画的注意事项。

3. 幼儿作画，教师巡视指导。

（1）教师交代要求，要画出小朋友们在生活中看到过的树，要画得尽量大，布局合理，幼儿开始作画，鼓励幼儿大胆选用自己喜欢的颜色作画。

（2）教师巡回指导，对绘画能力较弱的幼儿适时地予以帮助，对想象力丰富的幼儿，教师要注意保护其创造力，适时予以表扬。

4. 讲评作品，结束活动。教师提醒先画好的幼儿写好名字，将作品贴在展板上。引导幼儿互相欣赏，用贴五角星的方法选出"你最喜欢的树"。请幼儿说说喜欢的理由，并请其他幼儿提点意见。

四、主题活动三：和大树做朋友

目的：

1. 通过"树朋友"的活动，体验合作的乐趣。

2. 知道关心幼儿园里的树木，关注周围的环境。

3. 能用完整的语句表达对自然的喜爱之情。

活动过程：

1. 视频导入，激发兴趣。

（1）活动开始，教师播放和树木有关的视频，将幼儿的注意力吸引到活动中来。并引导幼儿讨论：为什么树是人类的好朋友？树木对人类有哪些帮助？

（2）教师以谈话的形式，引出本次活动的内容。

2. 教师出示与环境相关的树的图片，让幼儿认识到树的作用。通过观察图片，教师向幼儿讲解树的作用（美化环境、净化空气、调节气温）。通过这一形式，弥补幼儿直接经验的不足，通过真实、生动形象的画面展示树木与自然及人类的关系，从而让幼儿感受到爱护树木、植树造林的重要性。

3. 学植树。教师告诉幼儿，每年的3月12日是植树节。结合植树节，幼儿自选材料，尝试用自己喜欢的方式建构"森林"，通过这一环节来表达自己的认识和对树木的爱护。教师始终参与幼儿活动，及时地引导、帮助。

4. 活动结束。教师带领幼儿观察幼儿园的树木，在幼儿园的大树旁，让幼儿把自己想象成小树苗，教师带领幼儿载歌载舞，让幼儿爱护树木、热爱大自然的美好情感进一步提高。

16. 亲子运动会

在与本班家长沟通汇总后，大三班教师发现，不少家长平时很少和孩子一起运动，因为不知道可以和孩子玩什么，为此，教师准备举行一场亲子运动会，让家长体验到生活中随手可得的一些废旧材料，可以用来开展有趣的运动游戏，从而促进幼儿发展。

根据上面案例，设计一份亲子运动会方案，要求写出亲子运动会的设计意图、两个运动项目（须写出运动项目的名称、材料和玩法）、家长工作要点以及实施注意事项。

参考设计

一、设计意图

新《纲要》中指出："家庭是幼儿园重要的合作伙伴，应本着尊重、平等、合作的原则，争取家长的理解、支持和主动参与，并积极支持、帮助其提高教育能力。"亲子运动在家庭教育中，往往被爸爸妈妈所忽视。这对密切亲子关系和促进孩子身心健康发展是极大的损失。为了帮助家长进一步学习亲子游戏的方式、方法，设计本次亲子运动会，使家长对亲子活动的材料目的、准备、过程，如何引导活动有了更详尽的了解。家长通过观察、亲身体验，感受如何引导孩子参与亲子活动，从而促进幼儿发展。

二、运动项目活动

1. 名称：我给爸爸（妈妈）穿鞋子

玩法：每个家庭由一名家长和一名幼儿参加，首先让幼儿认识家长的鞋子，然后让家长将鞋子脱下后放入圆圈内，老师将鞋子打乱，游戏开始，幼儿从圆圈内找出自己爸爸（妈妈）的鞋子，并帮家长穿好，先穿好的为胜利者。

2. 名称：踩气球

准备：气球若干

玩法：每个家庭由一名家长和一名幼儿参加，老师给每个家庭发一个气球和一根细绳，请家长将气球吹大绑在自己的脚腕上，身背幼儿。听到老师的口令游戏开始，家长就背着宝宝踩其他家庭的气球，气球被踩爆的家庭即被淘汰，比一比谁是冠军。

3. 名称：揪尾巴

准备：尾巴若干

玩法：每个家庭由一名家长和一名幼儿参加，家长将孩子抱在怀里，在幼儿的屁股上挂一条尾巴，听到口令后开始游戏，在保护好自己的尾巴的同时将别人的尾巴揪下来。

4. 名称：两人三足

准备：绳子若干

玩法：一家长与一幼儿将相邻的两条腿用绳子绑在一起，听到口令后，两人一齐向前跑，看谁先跑到终点为胜。

三、家长工作要点

1. 家长要按照要求的时间准时带孩子到达运动会地点，过时间不予等候。活动前一天请保证幼儿充足的休息睡眠，以保证运动会当天幼儿以饱满的情绪参加运动会。

2. 升旗、亲子操及参与亲子运动项目时，务必根据教师指令快速到达指定地点，请家长全情投入运动会中，为幼儿做良好的榜样。

3. 比赛期间请家长看管好自己的孩子，陪同幼儿的家长请不要带幼儿在运动场地上随意走动，配合保持会场秩序。

4. 本次活动的主题是"我运动，我健康""我运动，我快乐"，本着"友谊第一""比赛第二"的良好心态参加比赛，一定要注意孩子的安全。

5. 为了给孩子建立环保意识，请保持场地卫生，家长提前准备一个垃圾袋，结束后把自己所在区域的垃圾清理干净。

6. 运动会项目结束后，请家长（穿亲子服）配合集体合影留念，然后领取园内准备的运动会礼物，并到本班教师处签到后方可自由活动。

四、实施注意事项

1. 事先熟悉活动地点的环境，了解周围是否有安全隐患，若有应及时整改。

2. 做好活动的组织工作，强化活动纪律，确定负责人，事先制订好计划。照顾幼儿安全，注意幼儿离园的安全。

3. 对幼儿进行安全教育、纪律教育，各班教师随时清点幼儿人数，游戏活动强度应适中，教师应时刻关注幼儿在游戏中的表现，发现异常，及时给予关注。

4. 活动时，要及时提醒幼儿安全第一、比赛第二。

17. 洗洗小手讲卫生

围绕"洗手"的主题，设计一个幼儿园小班活动方案。要求写明活动目标、活动准备、活动过程等。

一、设计思路

《幼儿园教育指导纲要》指出："传播健康知识要着眼于幼儿的内化程度，培养幼儿的健康态度要着眼于幼儿的情感体验，形成健康行为要着眼于幼儿的自觉自动。任何时候，健康教育都要调动幼儿参与的积极性，遵循幼儿的身心发展规律。"此节活动的设计，遵循以幼儿的兴趣为出发点，充分调动幼儿的各种感官和参与的积极性，从我们身边的实际生活入手，利用形象生动的手偶表演，来调动幼儿的积极性，让幼儿通过"感知自己的小手"来了解身边的"故事"，懂得养成清洁卫生、勤洗手的重要性，由引发的问题"手脏了我们应该怎样做"来培养幼儿解决问题的能力，树立正确的健康意识，培养幼儿养成讲卫生的好习惯；通过观察画面、讨论画面，引导幼儿学习正确的洗手方法，同时也锻炼了幼儿的语言表达力；通过模仿洗手动作、亲身体验洗手的过程来感受活动带来的乐趣，从而激发幼儿参与的积极性，初步培养了幼儿良好健康的行为意识。

二、活动目标

1. 知道洗手的重要性。
2. 掌握洗手的正确方法。
3. 教育幼儿养成讲卫生的好习惯。

重点：学习正确的洗手方法。

难点：培养幼儿养成讲卫生的好习惯。

准备：洗手的课件、两个小熊手偶。

三、活动过程

1. 游戏："手指歌"导入活动。

"大拇哥，二拇弟，中鼓楼，四兄弟，小妞妞，来看戏。大家快来比一比，谁的大，谁的小，哪个指头长，哪个指头短？"

（通过问答式的儿歌形式来引发幼儿的兴趣，并通过这首能够体现手指特征的儿歌游戏，让幼儿通过亲身比较手指的大小、长短来感知自己的小手，为下面的活动做铺垫。）

2. 集中观看手偶表演，帮助幼儿了解洗手的重要性。

（1）游戏导入："医生嘟嘟来做客"（激发幼儿观看手偶表演的兴趣。）

教师引导语：今天，我们小医院的医生嘟嘟要来我们班里做客了，我们一起来欢迎它吧！（出示扮演小医生的手偶，向小医生问好。）

（2）观看手偶表演：（教师边做手偶表演边讲述故事，让幼儿了解洗手的重要性。）

提问：豆豆为什么会肚子疼啊？它应该怎样做？（通过故事让幼儿了解手上有许多的细菌，要养成勤洗手的好习惯。）

（3）引导幼儿联系自己的实际进行交流（调动幼儿已有的知识经验，进一步体验洗手的重要性。）

问题：你们的肚子疼过吗？为什么？我们应该怎么做？（结合幼儿在实际生活中出现的饭前便后不洗手及吃手现象，引导幼儿认识到洗手的重要性。）

（4）小医生嘟嘟小结：洗洗小手讲卫生（鼓励幼儿养成勤洗手的好习惯）（这一步环节

利用生动形象的手偶表演来抓住幼儿的注意力，通过"听故事"来引发问题，调动幼儿已有的生活经验，启发幼儿结合生活实际说一说"手脏了会怎么样""我们应该怎样做"，锻炼幼儿的口语表达能力，培养幼儿解决问题的能力，通过故事让幼儿了解洗手的重要性，鼓励幼儿要勤洗手讲卫生，培养幼儿正确的卫生习惯。）

3. 设计问题，引导幼儿观看课件，学习洗手的正确方法。

（1）调动幼儿已有的知识经验进行讲述"我是怎样洗手的"。

（2）出示洗手课件，设计提问引导幼儿观察画面，了解洗手的正确方法。画面上的小女孩在干什么？她是怎样做的？咱们也一起来学一学吧！（引导幼儿理解画面内容，并启发幼儿用语言表述。）

（3）师幼共同讲述正确的洗手顺序及方法：卷袖子—冲手—搓肥皂—搓手心手背—冲肥皂—擦手（教师根据画面边做动作边讲解。）

（4）引导幼儿边说儿歌边做洗手模仿动作，学习洗手的正确方法：（师幼一起边说儿歌边做动作，进一步学习正确洗手的顺序及方法）我有一双小小手，快来快来洗洗手，白衣袖，花衣袖，洗手前快卷袖，不让水滴沾衣袖，打开水龙头，冲冲小小手，关上水龙头，搓出肥皂泡，搓搓手心，搓搓手背，打开水管冲一冲，肥皂泡冲干净，再用手巾擦擦手，小小手真干净。

（5）师幼谈话：我们什么时候该洗手？（饭前、便后、玩完玩具、手脏时等）（这一环节先以调动幼儿已有的生活经验为依据，请幼儿说一说自己是怎样洗手的，引导幼儿观察画面，通过设计问题引导幼儿进行自主探究，从而了解正确洗手的顺序及方法。通过边说儿歌边进行模仿洗手动作的表演的形式，来调动幼儿的参与的积极性，让幼儿学习洗手的正确方法，并且通过师幼谈话，让幼儿懂得什么时候该洗手，促进幼儿良好的卫生行为的养成。）

4. 幼儿实际练习：洗洗小手讲卫生，进一步掌握洗手的方法。教师引导语：现在已经是吃饭的时间了，我们一起去洗洗小手吧，看看谁的小手洗得最干净。在实际练习中，教师引导幼儿边说儿歌边洗手，指导幼儿正确地洗手。

5. 活动延伸（逐步培养幼儿良好的卫生习惯）。

（1）幼儿生活习惯的养成不是一朝一夕的，要在一日生活各环节中，对幼儿用语言或儿歌进行提示或指导，使幼儿在实践体验中不断巩固和提高幼儿的健康认知水平，逐步培养幼儿养成良好的卫生习惯。

（2）家园共育：利用家长资源，请家长配合，引导幼儿在家独立做力所能及的事情，进一步培养幼儿的生活自理能力及良好的卫生行为的养成。

（3）区域活动里师幼一起讨论怎样保护小手；哪些东西会伤到小手；或开展语言区讲一讲关于保护手的故事。

附：

小熊豆豆生病了

小熊豆豆可顽皮了，整天爬上爬下弄得小手可脏了！有一天，他玩完回到家里口渴极了，看到盘子里的水果一把抓起来就吃，也没有去洗手。妈妈回来了为豆豆准备好了午饭，喊豆豆来吃饭，豆豆听见了连忙从厕所里跑出来，手也没有洗就坐下吃饭了。到了晚上，豆豆突然说自己肚子疼，妈妈吓坏了，抱着豆豆去了医院，医生给豆豆很仔细地检查了一下，然后对豆豆说："你得了急性肠炎了,是不是玩完玩具没有洗手呀?"豆豆不好意思地低下了头。医生给豆豆开了药,并对豆豆说:"以后在玩完玩具之后、上完厕所之后、手脏的时候要记得洗手,因为这时小手上会有很多我们看不见的细菌,这些细菌吃到肚子里,会使我们得病。所以我们应该勤洗手,做个讲卫生的好孩子,那样就不容易得病了!记住了吗?"豆豆乖乖地点点头说:"记住了!谢谢医生!"

18. 植树节主题活动

以"植树节"为主题,设计一个幼儿园大班活动方案。要求写明活动目标、活动准备、活动过程等。

参考设计

美育亦称"审美教育",是通过艺术等审美方式,来达到教育人的目的。幼儿美育的任务有:第一,教给幼儿关于音乐、舞蹈、美术、文学等方面的粗浅知识和技能,培养幼儿对艺术的兴趣。第二,初步发展幼儿对周围生活、大自然等美的感受力、表现力和创造力。

一、活动目标

(1) 通过教师的讲解和幼儿的实际植树活动,加深幼儿对常见树的认识。
(2) 教师与幼儿一起植树,并鼓励同伴间的相互合作。
(3) 激发幼儿爱护树木、保护环境及热爱大自然的情感。
(4) 让幼儿明确3月12日是植树节,激发他们对节日的热情。

二、活动准备

(1) 搜集有关树木(以春天的景色为宜)的图片和一些表现环境危机的图片(如沙尘暴),并制作成多媒体课件。
(2) 准备好植树的工具、小树苗,在园内开辟种植角。
(3) 准备好小牌子。

三、设计思路

幼儿有着自然的天性,他们与自然是一个和谐的整体。从小对幼儿进行环教育,是现代幼儿教育的新要求。活动设计是由发展幼儿对树木的认识开始,通过活动的进展,让幼儿逐步达到对自然、人类以及环境与人的关系的认识。在这个活动过程中,培养幼儿表现美、发现美、创造美的能力。

四、活动前教学过程

(1) 观看春天的树木图片。
(2) 告诉幼儿每年的3月12日是植树节。
(3) 向观看"风沙的危害"多媒体课件,让幼儿通过听讲解,了解风沙对人类的危害。
(4) 积极引导幼儿重点讨论如何保护自然环境,最终要让幼儿达成树木能阻挡风沙的共识。

五、进行种树活动

（1）教师要对前面的内容进行总结，让幼儿知道植树的益处多，激发他们植树的兴趣。
（2）带领幼儿去园内的种植角。
（3）活动开始前，教师先以启发式提问的形式让幼儿说说如何种树。
（4）教师做分解示范。
（5）幼儿开始种植，教师提醒他们注意安全。
（6）填好小牌子，分树到人管理和照看。

六、活动评价

（1）教师对幼儿此次活动的表现表示赞许。
（2）让幼儿自己说说活动的感受。

19. 好吃又营养的蔬菜

围绕蔬菜的主题，设计一个幼儿园中班活动方案，要求写明活动目标、活动准备、活动过程等。

参考设计

一、活动目标

1. 通过认识蔬菜的外形特征，了解蔬菜的不同食用部分。
2. 按不同的食用部分给蔬菜分类（根类、茎叶类、果实类），发展幼儿的分类能力。
3. 教育幼儿不要挑食。

二、活动准备

1. 与内容有关的课件。
2. 胡萝卜、黄瓜、白菜、土豆、花菜等实物若干，与幼儿数量相等的蔬菜宝宝图片。

三、活动过程

（一）设置情景，激发幼儿探究兴趣

1. 教师说：小朋友们，今天有一群蔬菜宝宝来我们这儿做客啦！
2. 幼儿观看各种蔬菜图片或实物。提问：你们认识这些蔬菜宝宝吗？你喜欢吃哪一种蔬菜？这些蔬菜中，可以吃的部分是什么？
3. 出示一幅完整的植物生长图，知道植物的身体是由根、茎、叶、花、果实这 5 部分组成。

（二）逐一出示各种蔬菜宝宝，通过猜谜游戏了解蔬菜能吃的部分不一样

1. 猜谜语：红漆桶，地下埋，绿的叶子顶上栽，切开红漆桶，清凉可口好小菜。（胡萝卜）

2. 说一说胡萝卜的样子。（形状、颜色，可以生吃也可以做菜。）

3. 老师告诉幼儿胡萝卜还有"土人参"的说法。因为胡萝卜中含有淀粉酶，能助消化，有利于人的身体健康，吃胡萝卜可以补充维生素。我们应该吃它的哪一部分？（根）还有什么蔬菜我们可以吃它的根？（山药、红薯）。

4. 猜谜语：瘦长的身材，翠绿的皮肤，全身是疙瘩，丑了自己美了别人。（黄瓜）

5. 那我们应该吃黄瓜的哪一部分？（果实）还有什么蔬菜是吃它的果实部分？（番茄、茄子、辣椒、南瓜、冬瓜、豆荚）

6. 看图中是什么蔬菜？（白菜。老师可以说说白菜的样子）我们该吃它的哪一部分？（叶）还有什么蔬菜我们吃它的叶？（菠菜、油菜）

7. 这是什么？（土豆，也叫洋山芋或马铃薯）土豆发了芽后有毒，不能吃，如果芽很小，把芽和周围的部分削干净才可以吃。我们吃它的茎。

（三）了解蔬菜的营养价值，教育幼儿不要挑食

蔬菜营养丰富，含有多种维生素，多吃蔬菜有助于身体健康，能使我们长得更高、更快，更聪明，因此小朋友平时不能挑食了。

（四）分类游戏：找朋友

教师给每个幼儿提供一个蔬菜宝宝，让幼儿根据蔬菜的特征找朋友。看看自己手上的蔬菜宝宝是吃什么部分的，然后听音乐去找也是吃同样部分的蔬菜宝宝做朋友。

（五）品尝交流

教师出示用番茄、黄瓜、红萝卜做的沙拉，请幼儿品尝，交流蔬菜沙拉的制作方法。

（六）延伸活动

请幼儿回家和爸爸、妈妈一起做蔬菜沙拉，巩固对蔬菜的认识。